# はたらくおうち
# 賃貸併用住宅

次世代の新しい
資産運用のかたち

賜典株式会社 沖村 鋼郎 著

合同フォレスト

# はじめに

みなさん、はじめまして。賃貸併用住宅「はたらくおうち」を手がける、賜典《してん》株式会社の代表取締役、沖村鋼郎《おきむらてつお》と申します。

私は長年にわたり、不動産業界で働いてきました。最初は部屋を探している方に、部屋を紹介したり、賃貸物件の管理をしたりしていました。その後、不動産の売買へと仕事を広げてきましたが、売買の仕事をするなかで、「おや？」と首をかしげたくなる現象にたびたび遭遇しました。

それは、新築を買って、わずか3〜5年で売りに出されるケースです。せっかくマイホームを買ったのに、短期間で手放さざるを得ない事態が起こるということに大きな衝撃を受けました。

一生の買い物と思い定めた夢のマイホームを、なぜ、数年で手放す羽目になってしまったのでしょうか？

さまざまな背景の違いはありますが、結局は住宅ローンの支払いができなくなってしまったのです。

リストラにあったり、年収が下がったりして、住宅ローンの返済がままならなくなる方が、実はたくさんいらっしゃるのです。

家を売る立場からすると、そんな無理な家の売り方をしてはいけません。できる限りリスクが少ない形で買っていただく方法はないかと試行錯誤を続けるうちに、たどり着いたのが、賃貸併用住宅という方法です。持ち主と一緒に稼いでくれる家、「はたらくおうち」です。

賃貸併用住宅とは、マイホームと賃貸住宅が一緒になった住まいです。住宅ローンを使って購入すれば、毎月ローンの返済がありますが、賃貸部分があれば、毎月、家賃が入ってきます。万一、勤め先をリストラされてもローンの返済はでき、家だけは守ることができます。そうして、何があってもマイホームだけは守っていただこうと考えたのです。

昨今、みなさんも耳にしたことがあるでしょうが、不動産投資に関するトラブルが後を絶ちません。老後のお金の不安などから、家賃収入が期待できる不動産投資に興味をもつのは、悪いことではありません。

しかし、家賃保証がされるといいながら、家賃が入ってこないシェアハウスの押し売り、貯蓄額を偽装してローンを組ませるケースなど、一部の悪徳不動産業者と金融機関が結託した悪事が、不動産業界で起こっています。同じ業界にいて、私は許せない思いでいます。

そこで私は、不動産投資をしたい人にも、まっとうなやり方で、しっかりとした収益を確保できる賃貸併用住宅をおすすめしたいのです。なぜなら金利の低い住宅ローンを使って賃貸併用住宅を新築できるからです。

本書では、

①なぜ私が、賃貸併用住宅を推奨するのか？
②賃貸併用住宅とはどんな住まいか？
③賃貸住宅や一戸建てとの違い、メリットとデメリット
④賃貸併用住宅の購入価格や、ローンを組むときの注意点や月々の返済額
⑤リスクと目される修繕費や空室が発生した場合の対処法

これら疑問点について解説します。

ほとんどの方にとって、家は一生に一度の買い物です。後悔することがないように、家を買う前にこそ、本書を通して賃貸併用住宅について理解を深めていただければ幸いです。

沖村　鋼郎

# 目次

## 第2章 ▼ライフプラン▲ 人生100年時代の住まい選び

## 第3章 ▼専門家選び▲ 誰に相談すればいいのか？

## 第4章 ▼土地選び▲ 賃貸併用住宅はどこに建てればいいのか？

## 第5章 ▼プランニングとシミュレーション▲ 賃貸併用住宅の設計



## 第6章 ▼お金▲ 知らないと損する頭金、ローン、保険のこと

## 第7章 ▼入居者募集と管理▲ 物件の管理はプロに任せる

## 第8章 ▼購入後▲ 確定申告や税金控除のこと

# 第1章

# 知らないと損！「家を買う前」に知っておきたいこと

## 住むなら、一戸建てか分譲マンションか？

マイホーム購入を考えるうえで、みなさんがよく迷われるのが、一戸建てか分譲マンションかという点です。日ごろお客様から私たちに寄せられる住まい選びに関する疑問です。

特に都心エリアの場合、一戸建てを購入するには、土地が限られ、手に入れるには高額になると思われがちです。そのため、分譲マンションに目を向ける方が多くいらっしゃいます。しかしここで盲点といえるのが、分譲マンションは、自分の資産になるのは建物がほとんどと言って過言ではありませんので、年数の経過とともに価値が下がっていくということです。

一方、一戸建ては、土地が自分の資産になり、土地の価値は、首都圏であればさほど目減りすることはありません。建物は年数が経過すると、最終的には価値がほぼゼロになりますが、土地の価値は残ります。

## 居住費、修繕費の比較

一戸建てと分譲マンションで、大きく異なるのが管理費や修繕費です。一戸建ての場合、屋根や外壁などが経年劣化するため、定期的に修繕しなければなりません。一方、マンションの場合には、修繕費、駐車場代、管理費などの毎月の固定的な出費があります。しかも、そのほとんどは主にマンション全体の共有部分に費用が充てられます。

戸建てやマンションなどの不動産物件を買うときは、住んでいる間の費用も含めた「生涯居住費」を比較して考えなければいけません。住み始めてから「思っていたよりお金がかかる」ということになりかねません。

## マンションと戸建ての生涯居住費の相場比較

マンションの場合、修繕積立金はマンション全体の修繕のために、入居者が毎月積み立てる費用を指します。月々1～3万円、新築のタワーマンションの場合、3～5万円ほどが相場です。築年数によって修繕費が増える傾向があります。新築でマンションを購入し30年ほど住み続けた場合、修繕積立金は2～3倍ほどに増加します。

マンションには管理費も発生します。管理費は、共有部分やごみステーションの清掃、マンションに設置する防犯カメラの設備点検など、日常的な管理のために必要です。その分、いつでもゴミを出せたり、専有部分以外の清掃の必要がなかったりと、管理面で手間がかからない物件が多いものです。さらに駐車場代も必要になりますが、大抵のマンションでは駐車場を利用する人には、利用料金が別途徴収されます。一戸建ての場合は、敷地内に駐車スペースを確保すれば駐車場代はかかりません。

これらの費用を踏まえて、マンションと一戸建てでは生涯居住費にどれほどの違いがあるのか、シミュレーションをしてみましょう。

**《共通条件》**

- 不動産物件の購入価格：5000万円
- ローン返済の金利：1％

・35年間居住（35年ローンで購入費用を返済）

## マンションの場合にかかる費用

表1　マンションの居住費

| 項　目 | 発　生 | 金　額 |
|---|---|---|
| マンションの住宅ローン返済総額 | 月額141,143円×35年 | 59,279,997円 |
| 修繕積立費（5年ごとに＋5,000円） | 月額15,000円×35年＋値上がり分 | 12,600,000円 |
| マンション管理費 | 月額13,000円×35年 | 5,460,000円 |
| 駐車場代 | 月額12,000円×35年 | 5,040,000円 |
| 給湯器の交換費用（10年に1回） | 200,000円×3回 | 600,000円 |
| **マンションの場合の居住費合計** | 82,979,997円 | |

## 戸建ての場合にかかる費用

新築で一戸建てを買った場合、建て替えなどの大規模な修繕は必要ないでしょう。そのかわり、戸建ては自分で定期的にメンテナンスを行う必要があります。これが、修繕費にあたります。メンテナンスとしては、屋根のふき替え、外壁の洗浄や塗り替えが必要になるでしょう。

家の広さによって異なりますが、屋根と外壁の修繕費が15年に一度発生、さらに給湯器などの熱源機の修繕も、10年に1回ほどのペースで行うことを想定しています。もし、このほかに家のリフォームなどを行えば、戸建ての居住費は増加します。

表2　戸建ての居住費

| 項　目 | 発　生 | 金　額 |
| --- | --- | --- |
| 戸建ての住宅ローン返済額 | 月額 141,143 円× 35 年 | 59,279,997 円 |
| 屋根修繕費（15 年に 1 回） | 1,000,000 円× 2 回 | 2,000,000 円 |
| 外壁修繕費（15 年に 1 回） | 300,000 円× 2 回 | 600,000 円 |
| 給湯器の交換<br>（10 年に 1 回） | 200,000 円× 3 回 | 600,000 円 |
| **一戸建ての場合の居住費合計** | 62,479,997 円 | |

＊土地も含めた新築の建売住宅を購入した場合

## マンションの居住は2050万円も高くなる

比較しやすいように、一戸建てと、マンションと、それぞれ物件価格が5000万円と、同じ価格の住まいを購入したとしても、35年間の居住費の合計は一戸建ての場合、6247万9997円ですが、マンションの場合、8297万9997円と、一戸建てよりも、なんと2050万円も高くなるのです。マンションでは、管理費や駐車場代、修繕費が高くなるためです。

修繕積立費は、ファミリー向けの一般的なマンションを想定し、修繕積立費を1万5000円と想定しています。

修繕積立費は、築年数が経つに連れて費用が増加することもあり、非常に大きな負担となります。住んでいる限りは支払い続けなければいけない点も、金銭面ではマイナスポイントです。

マンションをいざ売ろうという際、マンションは築年数が古くなるにつれ価値が下がっていくため、売値が下がってしまうのです。一戸建てを売却する場合には、借地でない限り、建物と一緒に土地も売却することが可能です。土地は建物と比べると価値が下がりにくいため、売却時に大きな不利益を被るケースは少ないのです。

当然ながら、マンションは部屋しか売ることができません。部屋は消耗するにつれて、価値が落ち続けます。そのため、高く売るならば、売却のタイミングがカギになります。

こうした点も踏まえて考えると、分譲マンションは維持していくためのコストがかかり、さらにいくらで売れるかわからないため、買って得できるようなケースは、まれです。

## 人生の4大支出は住宅、保険、教育、老後。住宅費は生涯支出の4割

家を買う前に、まず、みなさんに考えていただきたいのが、生涯支出の4割をも占める住宅費についてです。今、賃貸住宅に暮らしているとしたら、その家賃、高いと思いませんか?

これまで人生の3大支出といわれてきたのが、住宅、保険、教育にかかるお金でした。

そこに老後資金が加わり、昨今では人生には4大支出が必要だといわれるようになりました。

最近では、金融庁が発表した報告書で、定年退職後に必要とされる金融資産の推計が示されており、夫が65歳以上、妻が60歳以上の無職世帯が年金に頼って暮らす場合、約2000万円が不足するとしています。不安に感じた人も多いでしょう。

4大支出の中でも、生涯支出の約4割を占めるのが住宅費です。公益財団法人不動産流通推進センターが実施している「2019年不動産統計集」によると、東京都の戸建ての平均価格は4551万円、土地の平均価格が4885万円（面積100〜200㎡）となっています。土地から購入することを考えると、高額な金額になります。都心に近づけば6000万〜8000万円と高くなり、場所によっては1億円を超えます。

教育資金に目を向けると、一般的に学費だけで1人1000万〜2000万円かかるといわれています。これに加えて通学定期代や部活費用、塾や予備校のお金が別にかかります。

具体的にイメージしやすいように、ある家庭の収入と支出の数字を出して、考えてみましょう。

夫婦共に35歳、子どもは3歳とします。夫の月収は35万円。手取りで30万円。妻の収入はパートで8万円。毎月の世帯収入は約38万円です。

支出を見てみましょう。最もお金がかかるのが住宅費です。賃貸で10万円、駐車場代が1万5000円、食費が5万円、日用品などの生活費が1万円、被服費が1万5000円、水道光熱費が2万円、携帯電話代が2人で1万2000円、インターネット代が3000円、車のローンが2万5000円、交通費が6000円、保険料が3万5000円、お小遣いとして、夫4万円、妻3万円、予備費として1万円、貯金2万円。

以上で約36万円の支出です。

支出で削れそうなところはあるでしょうか？　お小遣いを削るしかないかもしれません。子どもの教育費が未計上ですが、そのうち、習い事や塾、部活動などにお金がかかるようになります。また、もしも親の介護などで妻が働けなくなったらどうなるでしょうか？そうなると家計はマイナスに陥ってしまいます。

支出で大きく改善できるとしたら、ズバリ、住宅費でしょう。教育や保険、老後にかかる費用は、なかなかコントロールできません。もし、住宅費が2万円ぐらいになったとしたら、どうでしょうか？

ここであげたモデルケースでいうと、駐車場代と家賃を合わせた金額が11万5000円。それが毎月2万円ですむとなると、9万5000円も浮くことになります。

毎月9万5000円分浮いたら、貯金を増やしたり、夫婦それぞれの趣味に使ったり、家族旅行に使ったりできるかもしれません。

賃貸併用住宅ならば、それができるのです。理由は家賃収入があるからです。この方法を選択すると、きっとあなたの人生は、あなたの家族の人生は、大きく変わるはずです。

## 0円ローンで、マイホームが持てる　賃貸併用住宅とは？

家は、賃貸よりも購入したほうがいいというのが、私の持論です。それもただの家ではなく、賃貸併用住宅を購入すべきです。マイホーム購入時に、戸建てであれば土地を資産として手に入れることができますが、ローンの返済は最長で35年も続きます。マンションであれば、建物が劣化するのに合わせて、マンションの価値も目減りし、そのうえ、土地のような資産が手元に残りません。

そこでおすすめなのが賃貸併用住宅です。賃貸併用住宅とは、そのようなマイホームに関する悩みを一気に解決してくれる建物です。賃貸併用住宅の最大のメリットは、家賃収入によって家のローン返済の負担を軽減できる点です。自宅に住みながらにして、賃貸物件が「はたらくおうち」としてお金を稼いでくれます。

この方法を使えば、東京都内に一軒家を建てたいけれど、ローンの負担がネックだという方も、都内に夢のマイホームを建てることが可能なのです。

場合によっては、住宅ローンの返済が0円で、家賃収入だけでローンの返済が可能になる「0円ローンでマイホームが持てる」ことになります。

賃貸併用住宅は、1つの建物内に自宅スペースと賃貸スペースを設計することで、賃貸部分から家賃収入を得ることができる方法です。そして家賃収入から住宅ローン返済を行うことで、実質オーナーの返済負担は0円に近づけられるのです。

注文住宅を建てたり、建売戸建てやマンションを買ったり、賃貸を借りたりするのに比べて、月々の住宅コストの負担が劇的に軽くなります。一般的に、月に15万~20万円程度のコストカットが可能です。

プラン次第では、数万円のプラスになることさえもあります。

一番の魅力は、賃貸併用住宅にすることで、住みたいエリアに夢のマイホームを所有できることでしょう。それだけでもかなりのメリットですが、もう一つの大きなメリットは、将来、大きな資産を得ることができることです。

賃貸部分からの月々の家賃収入でローン返済をしていき、返済が終わったときは、老朽化で建物の価値がたとえゼロになっていたとしても、土地はしっかり自分のものとして残ります。少なくとも、土地の価格分、東京都内では3000万~7000万円程度は、貯金しているのと同様になります。

しかも、首都圏の好立地にある土地付きの一戸建てという、しっかりとした資産です。ローンの返済が終わったら、毎月、一定の家賃収入が入ってきます。それが老後の収入の糧になるかもしれません。

年金がどれだけ受給されるのか、先行きがわからないなか、家族と安心できる住まいを作るためにも、マイホームと賃貸住宅が一つになった賃貸併用住宅は頼りになります。

## サラリーマンの多くは賃貸併用住宅という選択肢を知らずに家を買っている

これまで私は長く不動産業界に身を置いてきました。独立して不動産会社を営むなかで、多くのサラリーマンに住宅を販売してきました。それと同時に、持ち家を売却したいとの相談を受けることも数多くあります。特に昨今では、マイホームを購入してから、3〜5年もしないうちに売りに出すケースが増えています。

住宅ローンを組んでみたものの、月々の返済だけでは足りず、ボーナス払いをしている人もいます。しかし、現実問題としてボーナスがカットされてしまったら、返済の予定が一気に狂います。

ここ最近の傾向としては、働き方改革によって残業代が大幅に減っている方がたくさんいらっしゃいます。

というのも、私たちは住宅購入に際して、みなさんの収入を元に、ローンの審査に出す書類などを準備するため、源泉徴収票や確定申告書を拝見しています。これを見ていると、残業代が減っている人、ボーナスカットされている人、リストラされた人や再就職で大幅に年収がダウンした人が、想像以上に多いのです。

長く勤めていれば年収が上がる年功序列の時代は終わっているのを肌で感じています。まだ公になっていないかもしれませんが、マイホームの売却の実態を見ていると働き方改革によって、住宅ローン破産者がじわりじわりと増えています。残業が減って残業代が出ない分、収入がダウンして、住宅ローンの返済が厳しくなり、家を手放さざるを得ないケースが増えているのです。家が高値で売れればいいのですが、売れなければ残債をどうすればいいのでしょうか。

そもそもなぜボーナスが減ったり、残業代がなくなったりしたら返せないようなギリギリの住宅ローンを組んでいるのでしょうか？

思うに、不動産会社の口車に乗せられて、「低金利だから」「消費税増税前に駆け込みで買ったほうがお得」だとか、背中を押されて購入してしまったケースが多いように感じます。

私の友人で、任意売却の案件を主に手がけている人がいます。「最近、怖いくらい任意売却の相談が増えている」と言っていました。任意売却とは、住宅ローンの返済が困難になった場合に、不動産会社の仲介により債権者・債務者の調整を行い、不動産を売却することをいいます。

長く不動産業界で働いてきた身として、このままでは、日本の住宅事情は、よくなるどころか悪くなってしまうと危機感を抱いています。住む人が安心して、幸せになれる住み方を提案したい！　そのために、私ができることは何なのか、試行錯誤してきました。

そこでマイホームがほしい人に胸を張っておすすめできるのが、賃貸併用住宅だという結論に行き着きました。

賃貸併用住宅と自宅部分と賃貸部分の2つを備えたまったく新しい形のマイホームです。住宅ローンの融資には、購入者や世帯主の年齢が大きく関係しており、早いうちに知識を付けて決断することで、時間を味方につけることができます。

## 戸建てと賃貸併用住宅を購入したパターンの比較

35歳で家を5000万円で購入した方を例にしてみます。35年の返済期間で、金利1・5%のローンで家を購入した場合、月々の返済は15万3092円で総額6429万8640円の返済になります。

同じように35歳で、仮に当社の賃貸併用住宅「はたらくおうち」を、同じ金利でローンを組み、家賃7万円の部屋を2部屋の設計で購入した場合、賃料が変わらないと想定して、月々の返済はわずか1万3092円で、549万8640円の返済になります。

同じように家を購入しているのに、賃貸併用住宅を買うのと、戸建てを買うのとでは、差額の総額が約6000万円となります！

支払っている年数で割ると、月々約14万円、普通に購入している人より安くなるのです。年間では、約170万円が自由に使えるお金に変わります。一般的に家を購入した方々より、普段から多くの自由になるお金を得られます。

住宅ローンを使って家を購入する場合、後ほど詳しく解説しますが、団体信用生命保険に加入する点も、大きなメリットになります。たとえば、一家の大黒柱である夫が不慮の事故や病気で突然亡くなってしまったら家計はどうなるでしょうか？　遺族基礎年金や遺族厚生年金、さらに生命保険に加入していれば、生命保険から保険金が出ます。

遺族基礎年金は国民年金から、遺族厚生年金は厚生年金から支給され、子どもの数によっても支給される額は変わってきます。

住宅ローンで家を買った場合、団体信用生命保険に加入することで、ローンの契約者が亡くなったり、病気になったりした場合、その後のローンが免除される仕組みがあります。賃貸併用住宅の場合も団体信用生命保険に加入することで、万一の場合、ローンが免除されます。しかし、それだけではなく、賃貸部分から家賃収入があるため、大黒柱を失っても、その後の生活費をまかなうことができるのです。これも賃貸併用住宅ならではの大きな魅力です。

## なぜ今、賃貸併用住宅なのか？お金を「生む家」と「生まない家」

私がなぜ今、賃貸併用住宅を勧めるのか？　その理由は、お金を「生む家」に住むか「生まない家」に住むかで、大きく自分の人生を変えることができるからです。

生涯支出の４割もが住宅費で消えてしまうとお伝えしました。賃貸併用住宅なら、それを変えられるのです。住宅費を大幅に減らすことができます。このことはあなたの人生に、劇的なインパクトを与えることができるでしょう。これによって、ライフスタイルが根本からガラリと変わるでしょう。

現代では、終身雇用制度が崩れ、サラリーマンとして働き続けることにも限界があることがわかってきました。なんとか定年まで働き続けることができたとしても、体も心も悲鳴をあげているかもしれません。現代では、うつ病を患う人が１００万人もいるといわれます。２人に１人がガンになる時代です。その一方、長生きする人が増え、平均寿命が伸び、年金の受給年齢もどんどん伸びていくことが予想されます。

そんな時代に、お金を「生む家」と「生まない家」のどちらに住むべきか？

答えは、もちろん「お金を生む家」です。お金を生む家とは、賃貸併用住宅のことです。入居者がいるだけで、家賃収入が発生します。もし、世帯主である夫または妻が、病気や親の介護、育児などで働けなくなっても、家が稼いでくれるわけです。毎月、家賃を運んでくれるわけです。こんなに安心できる住まいはほかにありません。

今の時代、夫婦共働きが当たり前になってきました。収入の柱が2つある、ダブルインカムは心強いものです。それどころか、副業を認める大手企業も増え、複数の収入がある世帯も増えています。働けなくなるリスクに備えて、収入の柱はいくつあってもいいでしょう。しかし、サラリーマンとして働きながら、空いた時間や休みの日に、別の仕事をするのは困難です。そんなことをしていたら、疲れるでしょう。過労から病気になってしまっては、元も子もありません。でも賃貸併用住宅ならば、一度建てれば、向こう何十年と決まった家賃収入が見込めます。物件の管理は不動産会社に委託することで、ほとんど手間がかかりません。

だからこそお金を生む家を、みなさんにも手に入れていただきたいのです。

## 不動産会社が賃貸併用住宅を勧めない理由

賃貸併用住宅は、これからの時代にマッチした魅力があるにもかかわらず、まだまだその数は多くありません。それはなぜか？　私が考える一番の理由は、賃貸併用住宅を、総合的にプロデュースできる企業がほとんどないからです。

一般の不動産会社では、賃貸併用住宅の知識がないため、土地を見ても、賃貸併用住宅にマッチするかどうか判断が難しいのです。私が調べた限りでは、賃貸住宅として成立するのか、ニーズの見極めができる不動産会社はほとんどありません。賃貸併用住宅のノウハウをもった設計士や建築会社も少ないのが実情です。

賃貸併用住宅で大事なことは、賃貸部分がすべて入居者で埋まっていることです。入居者を埋めるためには、どこに、どのような賃貸併用住宅を建てるといいのか、さまざまな視点から比較検証することが欠かせません。また、完成後も入居者の管理や、退去があれば入居者の募集なども行わなければなりません。そこまでできる不動産会社がほとんどないのが実情です。

ハウスメーカーも、賃貸併用住宅を手がけています。ハウスメーカーの場合は、土地がある人に家を売るため、通常なら30坪ぐらいのところに家を建てるものの、50坪あるような人に、賃貸併用住宅を勧めて建てさせるのです。土地が広いため、賃貸住宅を建てるゆとりがあるからです。

これはオーナーのことを考えた売り方ではありません。土地があるから、賃貸併用住宅にすればいいという単純なものではないのです。賃貸のニーズがなければ、家賃が入ってくるどころか、マイホームよりも、さらに多くの返済に追われることになります。

中小の不動産会社でも、賃貸併用住宅を手がけるケースもありますが、撤退している業者も多いのです。

土地があって、建てたい人がいれば、賃貸のニーズは度外視して建ててしまうのが、不動産業界の悪しき習慣です。問題は建てた後です。賃貸に住む人のことを考えずに建ててしまうと、空室はなかなか埋まりません。そうなると返済が苦しくなり、売らざるを得なくなってしまい、業者も賃貸併用住宅から身を引くのです。

賃貸併用住宅は、通常の戸建てやマンションとは違い、建物内の住居スペースと賃貸スペースを分けているため、防音対策など建物の構造にも独特の工夫が必要となります。設計の際には、賃貸併用住宅を建てた経験のある設計士や賃貸併用住宅を取り扱う不動産会社が必要不可欠です。賃貸経営を行ううえで、どのような立地や間取りだと入居者が住みやすいのか、コンサルティングまでできる不動産会社でなければ、賃貸併用住宅のプロデュースはできません。

賃貸併用住宅は、ニーズに基づいて建てることができれば旨みがあるのですが、そうでなければ、墓穴を掘る恐れもある難しさがあるのも事実です。そのため、賃貸併用住宅を専門に手がけている会社はまだまだ少数派なのです。だからこそ、みなさんには賃貸併用住宅にチャレンジしていただきたいのです。それだけ、賃貸併用住宅には、伸びしろがあると私は確信しています。

# 第2章

# ▼ライフプラン▲
# 人生100年時代の住まい選び

## 人生100年時代の老後資金をつくる方法。時間を味方につける

第1章では、家を買う前に知っておきたいこととして、賃貸併用住宅という住まいがあることについてお伝えしました。

本章では、人生100年時代におけるライフプランについて話を進めていきます。なぜ、家を買う前に、ライフプランについて考えるのかというと、家を買うには、35年などの長期にわたる住宅ローンを組むからです。目先の暮らしだけではなく、何十年先も見据えて、ロングスパンで、どんな暮らしを送ることになるのか考えていただきたいのです。

現代では、医療技術の進化などから平均寿命が伸び、人生100年時代といわれるようになりました。長生きできるようになったことは喜ばしいのですが、つい心配になってしまうのが老後やお金のこと。現役で働いているうちは生活を維持できても、問題は退職後です。すぐに年金が受給できるとは限りませんし、退職して次の仕事を探すにしても、これまでのようには働けないのが実情です。となると、働き盛りの30〜40代のうちから、老

後に必要なお金について考えておきたいものです。

## 健康寿命と老後のお金

具体的に数字を出して、老後のお金について考えてみましょう。

- 夫は35歳。妻は34歳。
- 子どもは4歳と1歳の2人。
- 夫の年収は650万円。妻もパートで働いていて、年収は100万円。世帯年収は750万円。
- 子どもは公立の小学校で、高校まで公立に進ませたい。大学は文系に進むと仮定。
- 夫は60歳で定年退職して、嘱託《しょくたく》で65歳まで働くと仮定。
- 家は子どもが生まれる前の30歳で購入し、65歳で支払い完了予定。

このケースの場合、老後の収入はどうなるでしょうか？　現行では、65歳から年金を受給できます。現在の水準で、この夫婦の年金受給総額を月23万円と仮定します。そこから2人分の税金や介護保険料などを支払うと、手取りは20万円。持ち家はありますが、固定資産税が年間約12万円かかります。月割りすると月に約1万円です。残り19万円から、水道光熱費、携帯代でさらに約4万円差し引くと、残り15万円。ここから、食費として8万円を差し引くと、残り7万円。

老後は毎日が日曜日です。どこへ行くにも交通費がかかりますし、外でお茶をしたり、孫にお小遣いをあげるにしても、すべてこの中から捻出します。

ここで重要なポイントになるのが、健康寿命です。健康寿命は健康でいられる年齢を指します。平均寿命は、女性で約87歳、男性で約81歳ですが、健康寿命は男性で70歳前後、女性は80歳前後といわれています。それぐらいの年齢から健康状態に応じて、医療費や介護費用などがかかってきます。

一般的に、介護にかかるお金は1人あたり1500万〜2000万円といわれています。手取り20万円からこれらの費用を捻出するのは、なかなか厳しいのではないでしょうか。

また、現役時代に生活水準が高ければ、生活水準を落とすことは、なかなかできないでしょう。

では、どうやって老後資金を確保するのか？

私のアドバイスは、人生100年時代だからこそ、「時間を味方につける」ということです。

45歳からお金を積み立てる人と、30歳から積み立てる人では、どちらが有利でしょうか？　仮に2％の複利で回せる金融商品があるとします。

30歳から60歳まで毎月、この商品に3万円積み立てていくとします。元金は1080万円となり、利息は約396万円となり、総額で約1476万円を受け取ることができます。

一方、45歳の方が60歳まで毎月、この商品に6万円積み立てるとします。元金は30歳の方と同じ1080万円となり、利息は178万円となり、総額で約1258万円を受け取ることができます。

このように、元金は同じでも、30歳から積み立てておいたほうが、毎月の積立金額が少なくても、より多くを受け取ることができるのです。

積み立てる時間がこの差を生みます。だからこそ、できるだけ早い段階で「時間を味方につける」ことをおすすめします。

賃貸併用住宅という方法も時間を味方にします。毎月、一定の家賃収入が長期間見込め、管理の手間は不動産会社に任せて、自分は仕事に集中できるような運用の方法なのです。賃貸併用住宅は、マイホーム購入とともに、家賃収入を積み上げていく、投資の一つでもあるのです。早い段階でスタートすることで、ローンの完済時期を早めることができます。ローンが終われば、家賃収入がそのまま副収入となり、手元に残ります。これが、老後の安定収入になれば、年金だけでの暮らしよりも、大きなゆとりを生むことになるでしょう。

## 賃貸と賃貸併用住宅に住んだときの比較

マイホーム購入にあたり、多くの方が比較検討する項目について考えていきましょう。まずみなさんが家を買おうかというときに考えるのが、賃貸のまま暮らした場合と、家を買った場合と、どのくらい金額面で違いが出てくるのかといったことでしょう。また、賃貸併用住宅を購入した場合、どれくらい得になるのか、気になるところでしょう。

そこで、

①賃貸アパートに住み続けた場合
②一般的な戸建てを買った場合
③賃貸併用住宅を購入した場合

この3つのケースで住居費がどのように変わってくるのか検証してみましょう。

**《条件》**

- 場所：東京都世田谷区（駅から徒歩10分）
- 家族構成：夫・妻・子ども1人
- 建物：2LDK（建ぺい率60％、容積率160％）（建ぺい率、容積率は105ページ参照）
- 期間：35年間居住

## 表3　費用の比較シミュレーション

### ■ 賃貸アパートに住み続けた場合

| 専有面積 | 家　賃 |
|---|---|
| 60㎡ | 200,000円<br>＊更新は2年に1度（家賃1か月分） |
| ・家賃　200,000円 × 12か月 × 35年 ＝ 84,000,000円<br>・更新料　200,000円 × 17回 ＝ 3,400,000円<br>（家賃）　（更新料）　（合計）<br>84,000,000円＋3,400,000円 ＝ **87,400,000**円 | |

### ■ 一般的な新築戸建てを買った場合

| 2階建て　土地面積 | 建築面積（延べ床面積） |
|---|---|
| 70㎡ | 110㎡ |
| **土地購入費** | **建築費** |
| 47,000,000円<br>（坪2,230,000円） | 23,000,000円<br>（坪690,000円） |
| （土地購入費）　（建築費）　（合計）<br>47,000,000円 ＋ 23,000,000円 ＝ **70,000,000**円 | |
| ・全額ローンとした場合（35年固定金利1.275%）約**86,800,000**円<br>（月々のローン返済額　約200,000円） | |
| **その他の経費** | 修繕費：15年に1度、1,500,000円かかるとして、35年のうちに2回、修繕を行うと仮定して、約3,000,000円 |

■ 賃貸併用住宅を購入した場合

| | | | |
|---|---|---|---|
| **2階建て** | 自宅部分 | 2LDK | |
| | 賃貸部分 | 1K×2部屋 | 家賃 80,000 円 |
| **土地面積** | 80㎡ | | |
| **土地購入費** | 55,000,000 円（坪 2,270,000 円） | | |
| **建築面積（延べ床面積）** | 120㎡<br>（オーナー部分：60㎡　賃貸部分：60㎡） | | |
| **建築費** | 35,000,000 円（坪 960,000 円） | | |
| （土地購入費）（建築費）（合計）<br>55,000,000 円 ＋ 35,000,000 万円＝ **90,000,000** 円 | | | |
| **その他の経費** | 建物全体の修繕費：15 年に 1 度、1,500,000 円かかるとして、35 年のうちに 2 回、修繕を行うと仮定して、約 3,000,000 円 | | |
| ・全額ローンとする場合（35 年変動金利 0.8%　35 年固定金利 1.275%）<br>総支払い経費 **103,210,000** 円。<br>（月々のローン返済額　約 250,000 円） | | | |
| **家賃収入** | 8 万円×2部屋×35 年＝ **67,200,000** 円 | | |

賃貸併用住宅を建てる場合、通常の戸建てを建てる以上に、住宅費の坪単価が1・4倍ほどかかりますが（トイレ、バスなどの設備が2つ）、35年にわたって受け取ることができる家賃収入6720万円を総支払額1億321万円から差し引くと、約3600万円の支払いで済みます。

あげた数字はあくまでシミュレーションですが、同じ条件で35年間賃貸に住み続けた場合は8740万円も払うことになり、35年後に、何も手元に残りません。

新築の一戸建てを購入した場合、35年後に建物はほとんど価値がなくなったとしても、土地と賃貸物件は残り、ローンが終わった35年後も毎月16万円入ってくることになります。

もちろん、築年数のよる家賃の減額はありますが、家賃収入があることは心強いものです。

賃貸で住み続けるよりも、一戸建てを買ったほうが、住宅費は安く、さらには、賃貸併用住宅を建てたほうが、お得なことがおわかりいただけたでしょう。

## 物件の選択

このシミュレーションでは、東京世田谷という都心、駅から徒歩10分圏内を選びましたが、賃貸ニーズがあって、相場よりも安く土地を入手できれば、賃貸併用住宅の家賃収入で月々のローンを支払っても、家賃分が手元に残るケースもあります。

賃貸併用住宅を新築するのは新築戸建てを買うよりも高額になるため、なかなか手が出ないという方もいるかもしれません。しかし、ここで示した事例のように、家賃収入があることで、ローンの負担を小さくできます。

## 住宅ローンとアパートローンの比較

賃貸併用住宅を購入するときは、住宅ローンが利用できます。昨今では、住宅ローンの低金利が続いています。しかし、賃貸併用住宅の場合、住宅ローンが使えるのかどうか、よくわからないと不安に感じている人も少なくないようです。そこで賃貸併用住宅を購入するときのローンの種類や融資条件について解説します。

賃貸併用住宅の場合、「住宅ローンが使えるから得」と聞いたことがあるかもしれません。一方で、「賃貸併用住宅で住宅ローンの融資を受けようとしたら断られた」なんていう話も、インターネットで検索するとちらほら見受けられます。

実は、賃貸併用住宅の場合は、「住宅ローン」とアパート購入の際に使える「アパートローン」の2種類が考えられます。

## ●住宅ローン

住宅ローンは、「マイホーム」を購入するためのローンのこと。住宅ローンのメリットは、借入期間が長く、低金利という点です。最大35年にわたってローンを返済でき、なおかつ金利が低いため、毎月の返済負担を抑えることができます。

金利は変動金利と固定金利を選ぶことができ、景気の変動に対応しやすい点もポイントです。また、住宅ローンは「住宅ローン控除」の対象となり、毎年の納税の際に節税効果があるため、ほかのローンと比べてお得なのです。

住宅ローンは、不動産投資として使われる賃貸物件には利用することができません。しかし、賃貸併用住宅の場合は、賃貸物件としてのスペースがあるものの、物件の延べ床面積50％以上を自分の住居部分としていれば住宅ローンが利用できます。

## ●アパートローン

一方のアパートローンは、アパート経営などによる不動産収入を目的とした投資物件を購入するためのローンのことです。金利が比較的高く、変動金利しか選べない場合が多いです。審査基準は、住宅ローンよりずっと厳しいのが実情です。

また、団体信用生命保険が付かない金融機関が多く、万が一のときに借金も残ります。

住宅ローンとアパートローンの特徴を比較すると、表4のようになります。

この表を見ると、まず、金利が住宅ローンとアパートローンでは大きく異なります。住宅ローンなら、0・45〜1・5％ですが、アパートローンの場合は、1・0〜5・0％と高くなります。

そのため、賃貸併用住宅を建てる際には住宅ローンを選んだほうが断然いいのです。住宅ローンを選ぶことで、低金利、節税などのメリットを得ながら、家賃収入をローンの返

表4　住宅ローンとアパートローンの違い

| | | 住宅ローン | アパートローン |
|---|---|---|---|
| 貸付条件（金利） | | 0.45 ～ 1.5% | 1.0 ～ 5.0% |
| 借入期間 | | 最長 35 年 | 最長 40 年<br>（実際は 25 年～ 35 年。審査が厳しく、借入期間を延ばすのは難しい） |
| ローン控除 | | あり | なし |
| 審査条件 | 収入 | 〔戸建て〕<br>年収 5,000,000 円～<br>〔賃貸併用住宅〕<br>年収 8,000,000 円～ | 〔アパート〕<br>年収 18,000,000 円～ |
| | 勤続年数 | ３年～ | ３年～ |
| 自己資金 | | 要相談 | ３割以上 |

＊貸付条件・審査条件は、融資を受ける銀行によって異なります。

済にあて、経済的に負担の少ない生活を送ることができるのです。

## 中古の賃貸併用住宅には注意！

賃貸併用住宅でも新築よりも、金額面から、中古で売りに出ていないか、気になっている方もいるでしょう。

中古であれば、当然大手ハウスメーカーが手がけるような注文住宅と比べ建物の価格が安いので、賃貸併用住宅を少ない資金で手に入れることが可能です。また、新築で賃貸併用住宅を建てた場合よりもローンの借入額が少なくなることから、返済の負担を軽減することもできます。

中古で賃貸併用住宅を購入するメリットとしてあげられるのが、「すでに賃貸部分に入居者がいた場合、建物を引き継いだ時点から家賃収入を得ることができる」ということです。

しかし実のところ、市場に出回る中古の賃貸併用住宅は数が少なく、気を付けるべきポイントが多くあるのです。

大前提として覚えておきたいことは、「収益が出ている賃貸併用住宅は滅多に市場に売りに出されない」ということです。理由は明確で、収益が出ている賃貸併用住宅ならば、売りに出す必要がないからです。万一、好条件の賃貸併用住宅が販売されていたとしても、すぐに購入されてしまうケースがほとんどです。

長い間買い手がついていない賃貸併用住宅を見つけた際には、特に注意が必要です。実際に物件の見学に行ってみると、間取りや建物の構造に違和感を覚えることがあります。

中古の場合、購入費以外にリフォームや耐震・耐火対策といった修繕費が発生することも少なくありません。中古の賃貸併用住宅で住宅ローン減税を受けるためには、木造の場合、築年数20年以下という制限があります。コンクリート造の場合、築年数25年以下の建物でなければならないうえに、耐震基準適合証明書といった書類を税務署に提出しなければなりません。この書類発行には3〜5万円ほどの手数料が発生しますが、耐震基準証明書をもらうための耐震診断には別途10〜15万円ほどの費用がかかります。当然、耐火工事や耐震工事には診断とはまた別に費用がかかるので、当初の予定よりもコストが高くなってしまうことが考えられます。

すでに入居者がいる賃貸併用住宅の場合、空室リスクはなくなりますが、入居者がどんな人物なのかには注意しなければいけません。売りに出されるということは、過去にトラブルを起こしていたり、家賃の滞納が続いていたり、問題を抱えているケースも考えられます。

中古物件の場合、賃貸部分はもちろんオーナーが住む自宅スペースもすでに間取りやデザインが設計されているため、自由度がないのも難点の一つ。購入した後にリフォームや建て直しを行うよりも、新築から賃貸併用住宅を建てるほうが将来的に納得のいくことは多いでしょう。

最近の実例としては、自宅部分に地下室を設けるなどオーナーの好みに合わせた特徴的な賃貸併用住宅の設計が見られます。

新築で賃貸併用住宅を建てる場合、住宅ローンを利用することで東京や神奈川、埼玉といった首都圏の人気の土地にマイホームを持つことができます。

入居者が決まりやすい部屋を造るには、賃貸部分の間取りや設備面での工夫が必要不可欠です。そうすることで周りの物件と差別化され、魅力のある賃貸物件として入居者の募集ができるのです。

以上のような理由から、立地や間取りに自由度の少ない中古物件よりも、綿密な市場調査を行ったうえで新たに賃貸併用住宅を建てたほうが、安定した家賃収入を期待することができるのです。

## 賃貸併用住宅のメリット

賃貸併用住宅に住むメリットは、賃貸部分の家賃収入でローンの返済を軽減できるだけではありません。

マイホームとして戸建てやマンションを買うと、35年もの間ローンの返済をし続けなければなりません。賃貸併用住宅であれば、賃貸部分の家賃収入で住宅ローンの返済ができるため、オーナーの住居費は戸建てやマンションを買ったときよりも少なくすることができます。賃貸部分の設計によって、月々の家賃収入の割合を調整できます。

たとえば、月々の返済が20万円の場合、賃貸部分にワンルーム3部屋を設計、それぞれの賃料を7万円とすると、家賃収入の合計は21万円。家賃収入が、毎月のローンの返済額を上回ります。ローンの負担がなくなるうえに、1万円を手に入れることが可能になります。

住宅ローンの支払いが終われば、家賃収入は全額あなたの家計に入ることになります。先ほどあげた例のように、ワンルーム3部屋を月7万円で貸し出した場合、月21万円の家賃収入を得ることができます。このような不労所得は、一部のお金持ちや経営者の特権ではなく、自分で作り出すことが可能なのです。

さらに賃貸併用住宅は、税金を抑えるメリットがあります。賃貸併用住宅を住宅ローンで購入すると、住宅ローン控除を受けられます。さらに、住宅用地の特例を使用することで固定資産税を減らすことも可能です。

子どもへ賃貸併用住宅を相続することになった際には、賃貸部分の評価額は自宅部分よりも約20％低く計算されるため、一般的な戸建てよりも相続面で節税対策になります。

賃貸併用住宅は不動産経営であるため、建物の減価償却費や設備費、修繕費など建て直しにかかった費用や、保険料などを経費として計上することが可能です。経費を所得から差し引くことで、確定申告の際には税金を抑えることができます。

## ライフスタイルに対応しやすい賃貸併用住宅の魅力

ライフスタイルの変化に対応しやすい点も賃貸併用住宅の魅力です。将来、高齢になった両親の近くに住みたい、もしくは同居したいと考えている方は多いかと思います。とはいえ、両親と同じ家で暮らすのは、気を使って疲れてしまう場合も少なくありません。賃貸併用住宅であれば、高齢の両親に賃貸部分に住んでもらうことができるのです。戸建てやマンションでの同居とは違い、お互いのプライバシーも守られるので、親を迎え入れやすい住まいといえるでしょう。

親だけでなく、子どもが結婚して家庭をもった際にも、同様に賃貸部分に迎え入れることもできます。そうしたライフスタイルの変化に対応できる点でも、賃貸併用住宅の仕組みは便利だといえます。夫婦2人の間は、賃貸部分に住んでもらい、出産などによって家族が増えてきたら自分たちが住んでいた住居スペースを子世帯に譲るといった方法もできるでしょう。

仕事柄、転勤が多い人は自分の家を建てることが難しく感じられるかと思います。転勤が多い人にも、実は賃貸併用住宅はおすすめなのです。転勤の場合も、ローンを借りている金融機関に転勤の辞令を提出することで、そのまま住宅ローンの支払いを続けながら、自宅部分も人に貸すことができるのです。転勤族の方が賃貸併用住宅を買うケースは珍しくありません。

## 賃貸併用住宅のデメリットと対策

賃貸併用住宅には、メリットだけでなくもちろんデメリットもあります。とはいえ、誤解されているデメリットもあるため、正しい情報を得て、デメリットを理解したうえで、どんな対策を施すことができるかを知ることが重要です。

賃貸併用住宅の一番のデメリットは、同じ敷地に他人と住むことです。賃貸部分をファミリー向けの間取りで作ると、テレビや足音、水回りの生活音が気になることがあります。学生や若い社会人に向けたワンルームの部屋を多く作れば、深夜に騒ぐ音や生活リズムの違いから不快に感じることもあるかもしれません。

しかし、このような騒音やプライバシーの問題は設計で解決できることが多く、賃貸併用住宅のノウハウをもった不動産会社や工務店に相談することでトラブルを未然に防ぐことができます。

たとえば、当社が手がける賃貸併用住宅に、当社の女性社員が住んでいます。「はたらくおうち」のプランが気に入って、自分でローンを組んで、新築しているのです。彼女が実際に住んでみて、「賃貸部分の生活音は、まったく気にならない」と言っています。賃貸部分の入居者は、当社の社員と同じように、昼働いて、夜帰宅する生活スタイルだそうですが、3か月に一度顔を合わせるかどうかで、ほとんど接点はないそうです。もし、顔を合わせたとしても挨拶する程度で、トラブルに発展するようなことはないと言います。

入居者とオーナーの音の問題への対策として、防音対策など建物の構造にも工夫が必要となります。設計の際には、賃貸併用住宅を建てた経験のある設計士や賃貸併用住宅を取り扱う不動産会社のあてがあると心強いですが、実際にそのような建築会社や不動産会社は多くありません。

通常の戸建てよりも賃貸部分がある分、賃貸併用住宅の建築費が高くなるというデメリットもあげられます。中古であれば、建物価格を抑えることも可能ですが、新築の場合、総額は7000万円から1億円と高額になります。

しかし、新築の賃貸物件は入居者募集の際に大変人気があります。家賃収入がしっかりと稼げる賃貸併用住宅であれば、返済に困るリスクは想像以上に低いのです。

そのため、費用の安さだけを重視するのではなく、使いやすい間取り・住居設備や、鉄骨造や鉄筋造といった建築構造、木造であれば高品質な遮音シートを使うといった遮音性などにこだわることで、初めて収益を得られる賃貸物件を作ることができます。自分や家族が住む居住スペースは、予算の許す範囲で好きにデザインや設計をすることができますが、賃貸部分は作りたいものよりもニーズが高いものを作ることが大切です。

## 賃貸物件の管理の方法

入居者が決まったら、家賃の回収や設備の管理・維持といった賃貸物件の管理もしなくてはいけません。しかし、これらはオーナーが行わなくても大丈夫です。自ら賃貸管理を行っている方もいますが、賃貸併用住宅の場合、オーナーがサラリーマンであったり個人事業主であったり、ほかに本業をもっていることが多いのが実情です。賃貸管理を専門としている不動産会社に任せることで、負担を減らすことができます。ただし、入居者募集をしっかりと行ってくれる管理会社を選ばなければなりません。なるべく空室にならないように、入居者募集に力を入れている管理会社と契約を行う必要があります。

賃貸併用住宅では、定期的な修繕費やリフォームが必要となることも考えられます。家賃収入で儲けがあっても、すべて使ってしまうのではなく、その中から修繕費や何かあったときに備えて、積み立てを行うことも忘れてはいけません。

大事なことは、メリットとデメリットを踏まえ、初期費用や賃貸部分の収入をしっかりとシミュレーションしたうえで、判断することです。

## 賃貸併用住宅は売却できるか？

賃貸併用住宅を購入して、何十年後、何らかの理由で家を売りに出すようなケースがあるとしたら、そのとき、それ相当の金額で売れるかどうかも心配な点でしょう。

そうしたもしもの事態も想定したうえで、家を買いたいものです。

賃貸併用住宅はまだまだ数が少なく、売りに出されることも少なく、売りに出されたとしても、入居が決まりやすいような魅力的な住まいは、早く売れることが多いのが実情です。

売るときのことも考えると、常に満室が続くような魅力的な賃貸住宅にすることが大事ですが、それだけでは足りません。大事なのは保証です。その際、３つの保証がポイントになります。

## ①地盤の保証

10年間の保証を付けています。当社の賃貸併用住宅「はたらくおうち」では建物を建築する前に、土地の地盤調査を必ず実施します。

調査は、提携している企業が最新の技術と機器によって行います。公的認定取得の高精度な方法、「表面波探査法」にて行います。表面波探査法は、振動が地面を伝わる速度から、地盤の硬軟を捉える技術です。起振機により地面を振動させ、地面を伝わる振動を検出器で測定します。

地盤調査を実施した土地には「地盤品質証明書」を発行します。万が一、沈下が発生した場合には、補償として10年間・最高5000万円まで、建物の損害等を賠償します。

## ②建物の保証

建物にも10年間の保証を付けています。新築住宅は、住宅品質確保促進法（品確法）により、住宅の構造耐力上、主要な部分（柱・梁・床・屋根など）や、雨水の侵入を防止する部分について、10年間の瑕疵担保責任が義務付けられています。新築から10年以内に建物に重要な問題が発生した場合、建築会社が責任をもって無償で補修する保証期間があるのです。万一、建築会社が倒産してしまい瑕疵担保責任が履行できない事態が起きても、そのような場合に保険金が出るよう、住宅瑕疵担保履行法により、保険の加入が義務付けられています。

提携している建築会社ももちろんすべて、株式会社日本住宅保証検査機構の「新築住宅瑕疵保険」に加入しています。

### ③設備の保証

オーナー部分には、10年の設備保証が付いています。設備とは、キッチン、給湯器、バスルーム、トイレ、洗面台、ガスコンロ、エアコン、換気扇などです。これらはメーカー保証で1～2年が一般的ですが、これらを10年間保証します。ちなみにこれは、「はたらくおうち」だけの特徴であり、ここまで保証している賃貸併用住宅はなかなかありません。どんな保証が付いているかも、購入する前にしっかりとチェックしておきましょう。

ちなみに、賃貸併用住宅を購入後、なんらかの理由で手放すこととなった場合は、売却のお手伝いもしています。買い手が見つかり、売却することとなった場合は通常、仲介手数料が発生しますが、当社の場合はこちらで手数料を負担しています。このような売却時のサポートがあるかどうかも賃貸併用住宅を購入するときには確認するといいでしょう。

# 第3章

## ▼専門家選び▲

# 誰に相談すればいいのか？

## 家を買うときに、一体誰に相談をすればいいのか？

家探しのパートナーは、ハウスメーカー、地元の不動産会社、個人の設計事務所、建築会社、お金の専門家であるファイナンシャルプランナーなど、多岐にわたります。家探しのスタートとして、いろいろなハウスメーカーの新築住宅を一度に見ることができる住宅展示場などに足を運ぶ方も多いことでしょう。

まずは、最新の住宅設備やハウスメーカーのアイデアを見て、どのような住まいが最近のトレンドなのかなどを実際に見て学ぶことは大切です。また、お金の専門家であるファイナンシャルプランナーに、収入と支出のバランスや、今後必要な教育費や老後費用なども踏まえて、どれくらい住宅ローンを組めるのかを相談してみることで、具体的に、家を買うときの資金をイメージできるようになるでしょう。

好きなエリア、住みたいエリアが明確になっている人は、そのエリアの不動産会社に行くことで、相場感を知ることができます。その不動産会社で扱っている近隣の物件の金額や間取り、広さなどを知ることができるからです。

しかし、忙しいみなさんにとって、住宅について専門家を頼りに歩き回るのは、時間もかかり、手間になるでしょう。

賃貸併用住宅を建てようと考えている方は、賃貸併用住宅を専門に扱っている専門の会社に最初から行くことをおすすめします。

なぜなら、賃貸併用住宅は、一般の住宅を建てるのとは異なり、専門的な知識や技術が求められるからです。賃貸併用住宅を建てるには、賃貸住宅のニーズや相場を調べる能力があって、建築費や土地代など予算内で収めるための「コストコントロール」ができる能力があって、低金利で借りられる住宅ローンを組むための金融機関を紹介できて、入居者を見つけて、賃貸管理をしていく必要があります。これら一連の業務ができる不動産会社はなかなかありません。

それはなぜかというと、とても手間がかかって大変だからです。

## 賃貸併用住宅専門業者の業務

賃貸併用住宅を専門に扱う当社を例にあげると、下記（囲み）の業務を一貫して行っています。

これだけの業務を一貫して行うことで、物件の特性を把握していますので、賃貸併用住宅を建てた後も、効率的に空室対策をフォローすることができます。

もちろん、不動産会社ならば、土地を探して売買できますし、建築会社ならば、依頼された建物を、それが賃貸併用住宅であっても建てることはできます。しかし、賃貸併用住宅の難しいところは、建てた後も、満室経営が続くように入居者の募集や管理を常にしていかなくては

- 賃貸併用住宅への住宅ローン融資に前向きな金融機関の紹介
- その金融機関への与信及び融資申込みの代行
- 賃貸併用住宅建築に適した土地探しの手伝い
- 良い土地が出てきたときの、購入判断のための建築プラン作成サポート
- 賃貸併用住宅建築のノウハウをもった建設業者の紹介（当社の場合は自社で担当）
- 賃貸併用住宅の建築プラン作成にあたってのアドバイス
- 設計士とのパイプ役
- 賃貸併用住宅入居後の、賃貸管理すべて（入居者募集、家賃集金など）
- これらに付帯するすべてのアドバイスやサポート

ならない点です。賃貸併用住宅は、場所、プラン、エリアの調査能力が非常に重要になります。入居者のニーズを的確に把握しないまま建ててしまうと、恐ろしいことになります。家賃で支払いをカバーできると思っていた住宅ローンが毎月、大きな負担となってしまいます。

ではなぜ、私はあえて、手間のかかる賃貸併用住宅を手がけているのでしょうか？　それには深い理由があります。

以前、新築住宅の建売の営業をしていたときに、強い違和感を覚えました。せっかくご縁をいただいて、家を買うお手伝いができたのに、私たち不動産会社は、家を売ったらそこでお客様との関係が切れてしまうのです。家を売った後に、お客様と連絡を取り合うようなことは通常、ありません。連絡を取りたかったら取ってもいいのですが、お互いに特に用はないのです。一生懸命やっている商売で、それでは楽しくない！

効率を求めて、バンバン売っていったほうが圧倒的に儲かるでしょうし、組織を大きくしていけばいくほど、利益を追求しなくてはなりません。

でも、私の考えは少し違うのです。もちろん会社のためには利益も重要ですが、それ以前に、お客様と長いお付き合いがしたい。そのためには、お客様にとっても、メリットが大きく、安心できる住まいを提供しなくてはなりません。

だからこそ、金融機関のご紹介から土地探し、建築プランの作成のサポートから建築、賃貸管理、そしてこれら一貫してコーディネート業務を行うことで初めて、お客様のお役に立てると考えたのです。

賃貸併用住宅を建てようと思っている方は、このような業務を行っている会社かどうかを見て、相談する業者を選ぶといいでしょう。

## 賃貸併用住宅を専門に扱っていない不動産会社の問題点

賃貸併用住宅を専門に扱っていない、町の不動産会社に、賃貸併用住宅の相談をする人がいます。これは絶対にやめたほうがいいです。

たとえば、こんなお客様がいらっしゃいました。地元の不動産会社に、賃貸併用住宅を建てたいと相談に行ったところ、賃貸併用住宅に向いていない土地を紹介されていたのです。土地選びについては第4章で詳しく解説しますが、私が見たところ、お客様が紹介された土地は、場所がいいだけで、賃貸併用住宅に向いているとはいえない土地でした。
賃貸併用住宅の場合、賃貸部分にとっていい土地であることが重要です。ただ駅に近いなど利便性がいいだけではなく、間口が広く取れるなど、土地の形状も重要になってきます。

しかし、賃貸併用住宅を専門に扱っていない不動産会社の場合、どんな土地が適しているのか見極めがつかないのです。それが問題です。

そうした不動産会社に依頼しないためには、会社の実績を見ることが重要です。賃貸併用住宅を手がけていればいいのですが、まだまだ少数派でしょうから、せめて賃貸部門があることです。賃貸の仲介業務を行っており、近隣の賃貸相場がわかっていると、どんな賃貸住宅を建てたらいいか、ニーズがある程度はわかるでしょう。

重要なのは、いい土地が出たらその土地に賃貸住宅を建てたときに、人が入るかどうかをスピーディーに判断することです。

賃貸ニーズを調べて、土地を買うかどうかを検討するのに数週間かかっていては遅いのです。せめて2、3日で判断しなければ、土地は別の人のものになってしまいます。

見積もりや建築プランを出すのに1週間かかるという会社は、ざらにあります。土地を見つけたら、2、3日のうちに市場調査をして、建築プランを考え、見積もりを出して、買うかどうかの判断をする必要があります。スピーディーな対応ができるかどうかも、依頼する不動産会社を見極めるポイントです。

## 賃貸管理をしてくれないハウスメーカーの問題点

現在、賃貸併用住宅を建てるところから販売しているのは、ほとんどが大手のハウスメーカーです。ハウスメーカーは自社の製品を売ることしか頭にありません。ちょっと言い過ぎかもしれませんが、それが私の本心です。ハウスメーカーは、すでに土地をもっている施主を主に相手にしており、賃貸併用住宅の最大の特徴であるローン返済と家賃収入のバランスについても、「建物については、ローンの支払いが0円になる」といった説明しかしません。

これに対して、当社は土地代も含めて、住宅ローンの支払いが0円になるというご提案をしています。

言い換えると、大手ハウスメーカーが販売している賃貸併用住宅は、当社が提携している建築会社と比べて、はるかに高額なのです。

その結果、土地代も含めた収支を考えると建物が高額な分、毎月の支出が多くなってしまい、賃貸併用住宅のメリットが薄れてしまうのです。また、土地の購入については、ハウスメーカーで土地の紹介をする場合もありますが、企業として組織的に行っているわけでなく営業スタッフが個人で任意で行っているため、情報が少なく、土地の善し悪しのアドバイスも不十分です。

マイホームならば、好きなハウスメーカーや建築会社など、どこに依頼しても自己満足できればそれでいいのですが、賃貸併用住宅の場合、入居者が埋まり続けなければなりません。

賃貸部分の間取りをどうとるか、自宅と賃貸部分の敷地の使い方や防音や遮音を考えた設計が必要不可欠です。そこまで考えられる会社に依頼しなければなりません。

## 建築会社選びのポイント

建築会社を選ぶときも、賃貸併用住宅を建てたことがあるかが重要なポイントになります。賃貸住宅もマイホームも、両方を建てている建築会社が理想です。

なぜなら、賃貸住宅とマイホーム、それぞれの特性を理解したうえで設計できるからです。

マイホームの部分については、好きなように間取りから建具や設備を選べばいいのですが、難しいのが賃貸部分を優先しながら、いかにマイホームを妥協せずに作るかという点です。

賃貸部分は収益性が高くなるように、日当たりや動線などを考えなくてはなりません。また、自宅部分と賃貸部分とで、オーナーと入居者の目線が合わないよう、プライバシーに配慮した動線や防音や遮音性を考えた設計が必要です。

単身者向けか、ファミリー向けかで間取りは大きく変わってきます。建てた後に、ワンルームでは入居者が決まらないから2ＤＫにしたいと思っても、できません。

賃貸ニーズを把握したうえで、どんな設計がいいのか、自宅部分はどう配置して、賃貸部分は何室、どんな間取りで確保するとベストなプランとなるのか。そこまで提案できるかどうかを考えて、依頼する先を見極めましょう。

細かい点ですが、キッチンやバスルームなどの設備も一戸建てとアパートでは、種類や大きさが違います。一戸建てしか造っていない建築会社では、賃貸向けの設備を選ぶノウハウがありませんし、賃貸向けの設備を普段仕入れていないので、仕入れ値が上がってしまうのです。このようにコスト面でも、両方に対応できる建築会社である必要があるのです。

見積もりを取って建築費を比較検討する人は多いでしょうが、あまりに安すぎる建築会社は避けるべきです。

不自然に安い場合は、何が理由でその価格なのかよく確認する必要があります。安い場合はやはり良くない理由があることも多く、少ない社員で回しているので余裕がなく対応が悪い、必要な日数をかけずに工期を短縮するので工事品質に問題があるケースも見受けられます。

私が仕事をするなかで、気をつけているのが一見客《いちげんきゃく》として発注することです。単発のお付き合いになると、トラブルが起きた際に話がこじれるケースもあります。建築会社から見た場合はその契約限りの長期的な取引を見込めない相手となります。すると、何か問題が起きた場合、建築会社としては「今後の付き合いがあるわけではないので」と、乱暴な対応に出ることがあるのです。

ここであげた内容を踏まえて、どこに依頼すべきかをよく吟味するといいでしょう。

## 賃貸併用住宅の専門家に相談すべき理由と根拠

いざ、賃貸併用住宅を建てようと腹を決めたものの、「賃貸部分に入居者はちゃんと入るだろうか？　入らなかったらどうしよう」と不安に思う人もいるでしょう。

そのような心配を軽減するためには、しっかりとしたマーケット調査を行ったうえで、交通の便が良い人気エリアを選び、戦略をしっかり立て、入居者が集まりやすい建築プランや賃料の設定をしなくてはなりません。

ちなみに当社が提供してきた賃貸併用宅では、問題なく入居者が集まっています。最初の10年で家賃収入額がローン返済額を上回っているようなら、その分を繰り上げ返済に回すことで、10年後以降、月々のローン返済額が減るようにしておき、もし家賃が下落しても、支払いに困らないようにしておくこともできます。

賃貸併用住宅をおすすめする際に、「売ること」「建てること」を優先し、ローン返済と家賃収入の収支プランであまり現実的ではない高い家賃を設定してしまうことがあります。つまり、家賃収入が多く入るように「夢」を見せて、賃貸併用住宅を購入するよう背中を押すのです。

しかしこれでは、実際に入居者の募集を始めた際、近隣の賃貸相場からかけ離れた家賃で募集することになってしまい、入居者がなかなか集まりません。このようなことをすると、結局のところ家賃を相場程度にまで下げて募集せざるを得なくなり、家賃収入がローン返済を下回って、収支プランが成立しなくなってしまいます。

これは近年問題になったシェアハウスのトラブルで、実際にあった話です。

当初の計画で現実的でない家賃を設定し、募集開始後に入居者が集まらなくなってしまうと自社に損失が出てしまいます。

計画時に現実的でない高額家賃を設定するということは、できないのです。賃貸併用住宅が完成後、賃貸部分の管理もさせていただくので、購入時だけでなく末永いお付き合いとなります。こうしたお付き合いこそが、賃貸併用住宅ならではの良さだと思っています。

建てて終わりではなく、建ててからが本当のスタートです。この観点からも、当初計画の家賃は現実的であることが必要なのです。だからこそ、建てた後までフォローできる、賃貸併用住宅を専門に扱う会社に依頼することが重要なのです。

## 予算と希望の場所は相手にしっかり伝えよう!

では、いざ実際に賃貸併用住宅を建てるために、不動産会社などに相談しに行くとなったら、どのような点に注意すべきなのでしょうか?

まず私たちがお客様にお願いしていることは、真剣に賃貸併用住宅の購入を考えているならば、お客様の情報は包み隠さず教えてください、ということです。

お客様の情報をしっかりと把握していないと、サポートできることもできなくなってしまうからです。たとえば、お客様からの情報で何か大きな間違いがあったとして、融資ができなくなってしまったとしたら、計画そのものがとん挫してしまいます。

特に重要になるのが、お金です。直近3年間の収入から、年収だけではなく、遺産が入って現金があることや、住宅購入資金として生前贈与が見込めるといったことまで、事前に伝えておくことが重要です。

なぜなら、年収300万円なら、年収300万円の範囲内でしか住宅ローンが組めませんが、相続によって現金で5000万円持っているということになると、購入できる家の金額が変わってきます。

実際にこのようなケースが過去にあったため、私たちはその人の背景についてしっかりとヒアリングするようにしています。

ご自身の情報を提示することは大切なのですが、注意すべきこともあります。たとえば、ある大手の不動産会社などはグループ会社で情報を共有するために、一度アンケートに答えたら、いろいろな会社から連絡がくるようになったというケースを耳にします。ですから個人情報を出すタイミングは、いよいよこの企業にお願いしようと決心がついてからでも遅くないでしょう。

お金のことだけではなく、住まいに対する希望も、詳細に伝えることが大切です。賃貸併用住宅は、賃貸部分が肝心であるとお伝えしました。どこに建てるか、どんな間取りにするかも賃貸ありきで、自宅部分は後回しに考えることもあり得ます。

しかし、マイホームとして愛着をもって長く住むことになりますから、譲れない部分は譲れない部分として、最初に明確にしておくべきです。後になって「ああすればよかった」などと後悔することになっては、せっかくのマイホームが満足いかないものになってしまいます。

もう一点、業者選びのポイントとしてお伝えしたいのが、先方の売りたいものを売り込んでくる業者も避けるべきです。親身になって一緒に考えてくれるところを選ぶようにするといいでしょう。

賃貸併用住宅は一生ものどころか、ニーズに合ったものができれば、子どもや孫にしっかりと継承していける財産となります。

# 第4章

▼土地選び▲

# 賃貸併用住宅はどこに建てればいいのか？

## 賃貸併用住宅を首都圏で買うべき理由

まず知っておいていただきたいのが、日本ではすでに人口の減少が始まっており、今後さらに減り続けていくことがほぼ確定していることです。しかし、この人口減少は全国で一律に起きるわけではありません。首都圏では一極集中により、今後も長期にわたって人口が流入し、人口増加が見込まれています。

東京、神奈川の最低賃金（平均時給）が、1000円を上回りました。最低賃金が低い地方では、700円台のところもあります。今後も首都圏では、労働力の必要性から最低賃金の上昇が予想されます。そうなるとますます首都圏に労働力人口が集中し、人口増加が予想されます。

一方、地方ではほとんどの地域で人口が減少していくでしょう。さらには、人口の減少に合わせ、地方での土地価の下落、家賃の下落は加速していくかもしれません。

地方の老朽化したマンション1棟と首都圏に新築する賃貸併用住宅では、取得金額が同程度でも、首都圏に新築する賃貸併用住宅のほうが将来的な資産価値が圧倒的に高いといえます。売却する際も、首都圏の賃貸併用住宅のほうが有利です。

そのため、私は地方ではなく、賃貸ニーズが今後も見込める首都圏で賃貸併用住宅を建てるべきだと考えています。

ただし、首都圏に賃貸併用住宅を建てる場合、多くの場合、土地・建物で7000万円以上の費用がかかります。

そうなると銀行融資の基準として、世帯年収で700万円以上が条件となります。年収700万円以下では「絶対購入できない」とはいいませんが、東京23区内での購入は難しいかもしれません。

視点を変えれば、「年収700万円以上あれば、銀行から住宅ローン借り入れをして、圧倒的に有利な条件で賃貸併用住宅の購入ができる」ともいえるのです。

この年収条件は「世帯年収」なので、共働きの家庭の場合は夫婦の収入を合算することができます。

賃貸併用住宅を取得することは、決してお金持ちだけの話ではありません。普通のサラリーマンにも十分に手が届く選択肢といえるのです。

不動産投資の観点からも、これほど低リスクで堅い投資方法はほかに見当たらず、首都圏に建てる賃貸併用住宅は最善の選択といえます。

入居者の動向に目を向けると、首都圏でも都心に近いエリアや通勤しやすいエリアで賃貸物件を探す人は非常に多いものです。

こうした点を念頭に置いて、土地探しを始めましょう。

## 入居者が求める利便性と、家主の求める利便性の違い

賃貸併用住宅を新築するにあたって、土地の選定は最も重要です。家賃収入を得るために、賃貸部分に入居者が入ることが大前提ですが、入居率は立地によってほぼ決まるといっても過言ではありません。

一般的な家を建てるときは、角地で、道路が広いと良い物件といわれています。賃貸併用住宅の場合は、賃貸ニーズがあることが大前提で、入居者は車に乗らない人を想定しているため、道路が広くなくてもかまいません。

分譲住宅やマンションなら、すでに建っているものを確認したうえで購入することができます。物件の善し悪しも判断しやすいでしょう。

しかし、賃貸併用住宅を新築するとなると、土地を探すところからスタートになります。何も建っていないまっさらな土地だけを見て、さまざまなことを判断する必要があります。

その土地が賃貸併用住宅に向いている土地かどうかを一般の方が判別するのはかなり困難です。

たとえば、お客様で「土地は自分で見つけたい。100軒、土地の情報をもってきた」という人がいましたが、そのうち3軒ぐらいしか賃貸併用住宅を建てられるような土地はありませんでした。それぐらい賃貸併用住宅に適した土地は、難しいのです。

当社のような賃貸併用住宅を専門に手がけている目利きができる者を味方につけて、土地探しをしていただきたいのですが、ご自分で探す際、次のような点を意識してみるといいでしょう。

## 賃貸併用住宅に向いている土地の判別ポイント

- その土地に住宅を建てられるかどうか？（用途地域の確認）
- 建てるとしたら、どれくらいの面積・容積の建物になり、それを何部屋に区切ることができるのか？
- 土地の値段は相場と比べて高いのか安いのか？
- そのエリアの賃料相場はどうか？
- その結果、収益性はどれくらいになるのか？

このような項目について調べたり計算したり、的確に分析する必要があります。

望むような賃貸併用住宅を建設できるかどうかの判断には土地の広さ、道路付、用途地域、その他建築に関する専門的な知識と豊富な経験が求められます。

一般の不動産会社の営業スタッフでは土地の紹介をすることはできても、その土地にどのような賃貸併用住宅が建てられるかの提案まではほとんどできないでしょう。

建築のプロである建築士であっても、賃貸併用住宅を扱った経験がある人は少ないので、その土地にどのような賃貸併用住宅を建てられるのかはなかなか判別できないのです。当社のスタッフであれば、これらに関して熟知していますので、土地の情報を見ればすぐに、どのような賃貸併用住宅を建てられるかをご提案できます。

ここで注意したいのが、人気のある土地はすぐに売れてしまうため、良さそうな土地が出てきたら、できるだけ早く判断して契約することです。その土地を購入すべきかどうかを判断するには、設計士が実際に図面を作成し、建築の見積もりを取得しなければ、総額でいくら必要になるのか判断できません。

土地を見つけてから、数日のうちに必要な情報を集め、建物の図面と見積もりを作成するには、それぞれの分野に特化した知識をもちつつ、賃貸併用住宅にも詳しいチームが必要になってくるのです。

賃貸併用住宅に精通した会社に依頼すべきであると強調するのは、こうした理由があるからです。

## 格安の土地とこんな不動産会社には要注意！

土地を探すなかで、格安の土地に興味をもたれる方が少なくありません。もちろん、安さは魅力でしょうが、実は、安い土地ほど注意が必要です。なぜなら、そもそも格安の土地は、業者が購入して、一般的な価格で市場に売りに出るため、一般の人が見ているところで売りに出るようなことは、基本的にないからです。それでも、安い土地が売りに出ている場合、近隣トラブルか越境の問題か、事故物件か、業者さえも敬遠するような理由があるからです。

正直にいいますと、そういう土地を購入すると、あとあと大変です。

たとえば、隣人トラブルがあって客付しにくい場合、せっかく賃貸併用住宅を建てたとしても入居者がすぐに退出してしまい、賃貸経営がままなりません。

ほかにも、次のような場合、相場よりも安く売りに出ている傾向にあります。

## 相場より安い土地の問題点

- 崖のそばに位置している
- 昔、沼地や河川敷だったところを造成した
- 土地の形が非常に悪い
- 周辺環境が悪い
- 事故物件である

こうした条件は物件資料に記載されている場合もありますが、資料を見ただけではなかなか実態がわからない場合もあります。

気になる土地には、実際に足を運んで、自分の目で確かめることを習慣にしましょう。

土地を探すうえで、不動産会社についても覚えておきたいことがあります。昨今では、不動産会社の中でも不正を行う業者が少なくありません。次のような会社には注意が必要です。

たとえば、物件を探すにあたり、さまざまな名目をつけて登録料の請求などをする不動産会社は要注意です。

不動産売買仲介で不動産業者が請求できるものは、成約時の仲介手数料のみです。にもかかわらず、仲介手数料とは別に登録料を請求する不動産業者があります。これは宅建業法違反です。

このような不動産会社に多いこととして、金融機関へ行く際に、お客様だけで行くように促すことがあります。通常、不動産会社は金融機関に対し、お客様の代理となって、お客様の情報や売買の必要書類をやり取りし、融資の手続きを進めることができます。

ところがその不動産業者が、過去に虚偽の申請をしたり、トラブルを起こしていたりした場合は、金融機関がその不動産会社を「取扱い不可」としているのです。実はここ数年のうちに、不動産投資ブームの裏で虚偽の申請をする業者が増え、業界でも問題視されています。

不動産の売買契約を進めるには、売買契約書や重要事項説明書など、多くの書類が必要となり、担当している不動産業者は当然それらに署名、捺印をします。金融機関がその書類を確認したとき、そこに取扱い不可の業者名があれば、絶対に融資をしてくれません。そのため、そのような不動産業者は金融機関へ行く際にお客様ご自身で融資の手続きをするように促してくるのです。

ほかに、駅から距離が遠い物件を紹介する不動産会社も問題です。賃貸併用住宅は賃貸部分が埋まりやすいことが重要ですから、駅から遠い物件は当然、賃貸併用住宅には向きません。それにもかかわらず、駅から遠い物件を強引に勧めてくる不動産会社があるのです。そのような業者は賃料について現実的でない高い家賃を設定して利回りをよく見せるような不正もします。

第4章

## 「空室保証で安心」の口説き文句には注意

「空室保証で安心」を口説き文句にする不動産業者は、さらに悪質です。空室保証をうたっていても実際には賃料の見直しがあるため、後から通常より安い賃料にされることもあります。

空室保証を一方的に解約し、後は知らないという態度を取る業者もいます。

また、住宅ローンを使うにもかかわらず、オーナーが実際には住まないプランを勧めてくる不動産業者も要注意です。

住宅ローンを使うのはオーナーがその物件に実際に住むことが条件になりますので、これは融資のルール違反となります。昨今、このようなことをする不動産業者が増えたため、金融機関も引渡し後に、オーナーが実際に住んでいるのか確認に来ます。

その際にもし理由もないままオーナーが住んでいない場合は、ローンの一括返済を求められる可能性があります。住宅ローンを使う前提で話を進めているにもかかわらず、オーナーも住む賃貸併用住宅ではなく、完全な投資物件としての話をする不動産会社は要注意です。このような悪質な不動産会社に気をつけましょう。

## 土地選びのポイントと建物にかかる規制

賃貸併用住宅の土地選びではずせないチェックポイントとして、見極めたいのが次にあげる4点です。

### ①自宅にほしい広さの2倍以上の建物が建てられる土地か？

まずは自宅部分にほしい広さを決めます。その倍の広さが賃貸併用住宅には必要と考えます。

### ②自分たち家族が生活するにあたり、良い場所であるか？

マイホームとして長く住むことになるため、当然ながら家族にとって良い場所である必要があります。駅からの距離や、その駅の路線の利便性、買い物をするのに不便ではないか、金融機関や役所までの距離や教育環境、騒音などを確認しましょう。

**③近隣のアパートの空室率が高くないか？**

賃貸部分の入居者が埋まるかどうかを調べるために、近隣の賃貸物件の空室率も調べましょう。一般の人が調べるには難しいものがあるため、当社のような専門会社にリサーチを依頼する方法がおすすめです。

**④どんな賃貸ニーズがあるのか？**

単身者向けの賃貸ニーズがあるのかどうか？　ワンルームが足りないのか、余っているのか？　１ＬＤＫやファミリー向けの賃貸は足りないのか、余っているのか？

# 最低限満たしていなければならない条件

### ●接道義務

まずは、接道義務を果たしていることです。

建物を建てるために必要な条件として、「道路に2m以上接していること」。さらに「その道路が、建築基準法上の道路（公道のほか、位置指定道路、第42条第2項道路など）であること」があります。この条件を満たしていないと、その土地は新しく建物を建てることができません。

### ●幅が4m以上の公道

また、現在では公道を新たに作る際、幅が4m以上で造ることが法律で定められていますが、その法律ができる前（昭和25年）から建物が建ち並んでいた住宅密集地域などでは、幅4m未満の道路が多く残っています。

建築基準法では、幅4m未満の公道について、建築基準法上の道路とみなす規定があります。これが「42条2項道路」です。ただし「42条2項道路」に面した土地に建物を建てる場合、道路の中心を確定させ中心から2mの所が「道路と敷地の境界線」とみなされることが多いです。これを「セットバック」といいます。

自分で購入した土地でも、セットバック部分には建物や塀など（外構）を造ることができません。このような土地は物件情報に「要セットバック」などと書かれています。

## ●再建築不可の土地

これらの条件を建築基準法で、「接道義務」といいます。接道条件を満たしていない土地は、新しく建物を建てたり増築したりできない（「再建築不可」といいます）ので、購入対象から除外しなければなりません。

再建築が不可能な土地は、物件情報に「再建築不可」と記載されています。この記載がなければ、基本的には接道条件は満たしていると考えてよいでしょう。

## ●借地権の土地

当社でも、借地を販売することがあります。借地とはその名の通り、土地を他人から借りることです。借りた土地の上に自分の建物を建てる権利ということになります。20～30年などの期間を定めて借りる「借地権」なら、建築基準法の条件を満たしていれば、建物は建てられます。

また土地を購入しないので土地購入代金は不要になりますが、その代わり、土地貸借契約や建替承諾料等の諸手続きを経て、地代を毎月支払います。ローンには土地代が含まれないため、返済額は少なくなります。地代を払っても総額や月々の支払いは少ないケースが多いです。

借地権の最大のメリットは、土地の固定資産税がかからない点です。しかし、何十年払い続けても土地は自分の物にならず、金融機関も借地に対する融資は消極的な傾向があります。

こうした点をよく理解したうえで購入するのであれば、問題はないでしょう。

## ●「共同住宅」の扱い

賃貸併用住宅は賃貸部分を人に貸して複数の世帯が入居する建物でもあるので、アパートなどと同じ「共同住宅」の扱いになり、自治体の条例が関係します。一般の住宅を建てるときよりも、さらに多くの条件が付けられる場合があります。

## 土地の広さはどう計算する？　建ぺい率と容積率の基礎知識

土地選びにあたり、「どのくらいの面積の土地が必要か」を考える必要があります。その場合、まず建物の延べ床面積を計算します。どうやって算出すればいいのか？　ここで具体的な計算の方法について解説します。

家の面積を示す表現に、「建築面積（建坪）」と「延べ床面積」があります。

建築面積は、建物が建っている所の面積です。2階建てなら、1階部分の面積と考えればよいでしょう。延べ床面積は、すべての階の面積の合計です。2階建てなら、1階と2階の居住面積を足した面積になります。吹き抜け部分がある場合、その部分を床面積から除外します。

賃貸併用住宅では、まず自宅部分について、どれくらいの広さの住居に住みたいかを考え、そこから必要な延べ床面積を計算していきます。

住宅ローンの適用を受けるためには、延べ床面積の50％以上を自宅部分にする必要があります。家賃収入はできる限り多くしたいので、住宅ローンの最低条件である50％を確保したら、残りの50％を賃貸部分に充てるのが一般的です。

仮に自宅部分は、50㎡ほしいと考える場合、賃貸部分もおおむね50㎡と考えて、延べ床面積は合計100㎡が必要になります。

一般的に2LDKの住まいの場合、およそ60㎡が必要になり、3LDKではおよそ75㎡が必要になるといわれています。そのため、賃貸併用住宅で、自宅部分を2LDKにしたければ、延べ床面積は120㎡、3LDKに住みたければ150㎡が必要になってきます。それ以下になってくると、建築プランを作ってみると、自宅部分だけでめいっぱいスペースを使うことになり、賃貸部分を確保できなくなってしまうことが多いからです。それでは賃貸併用住宅を建てる意味がありません。賃貸併用住宅を建てるには、マイホームとは異なり、一定の広さが必要になります。

ほかに、賃貸住宅の部分で覚えておきたいこととして、長屋形式にする場合は、共用部分が不要ですが、共同住宅にする場合は住宅ローンが使えないことに加え、通路や外階段などの「共用部分」も必要になります。

## ●建ぺい率

土地に対する建築面積の割合が「建ぺい率」です。土地によって建ぺい率の上限が定められています。

計算の仕方は、次の通りです。

建ぺい率 ＝ 建物が土地に接している面積 ÷ 土地面積

容積率 ＝ 建物の延べ床面積 ÷ 土地面積

たとえば、建ぺい率が50％と定められた100㎡の土地なら、建物の建築面積の上限は

50㎡です。

●**容積率**

土地面積に対する延べ床面積の割合が「容積率」です。こちらも土地によって定められています。

容積率が200％で100㎡の土地なら、建物の延べ床面積の上限は200㎡です。

建ぺい率と容積率は都市計画によって土地ごとに定められており、「建ぺい率50％、容積率100％」や「建ぺい率60％、容積率200％」などがよくある組み合わせです。賃貸併用住宅を建てるには、「建ぺい率60％、容積率200％」の土地が理想です。

## 賃貸併用住宅の場合、意外と狙い目なのが旗竿地

賃貸併用住宅の土地を探すにあたり、意外と狙い目になってくるのが、旗竿地と呼ばれる土地です。旗竿地とは、旗に竿が付いているような間口の狭い土地を指します。竿地は

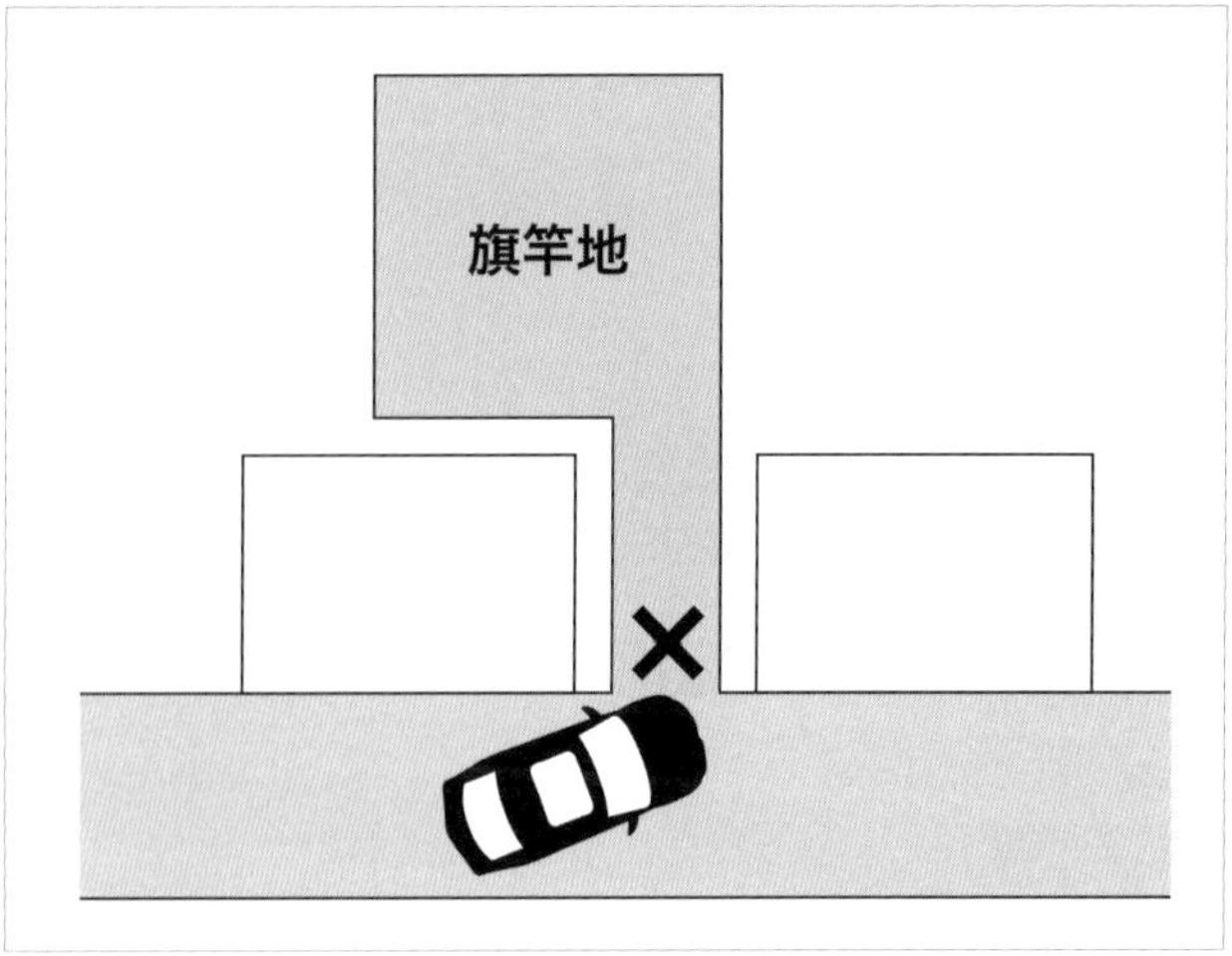


道路（公道）に接する出入口部分が細い、通路上の敷地になっていて、その奥に家の敷地がある形状の土地です。

不動産業界では、別名「敷地延長」や「敷《しき》延《えん》の土地」とも呼ばれています。都市部に多いのが特徴です。家を建てやすいように土地を細かく分割することで旗竿地が生まれたからです。

間口が狭いために、通常は集合住宅の建築ができないのですが、その分、相場より2〜3割安く売られていることがあります。賃貸併用住宅は、プラン次第で、図1のように旗竿地でも十分成立します。賃貸併用住宅にとっては、安く手に入った旗竿地が、お宝物件になることもあるのです。

図1　旗竿地に賃貸併用住宅を建設した例

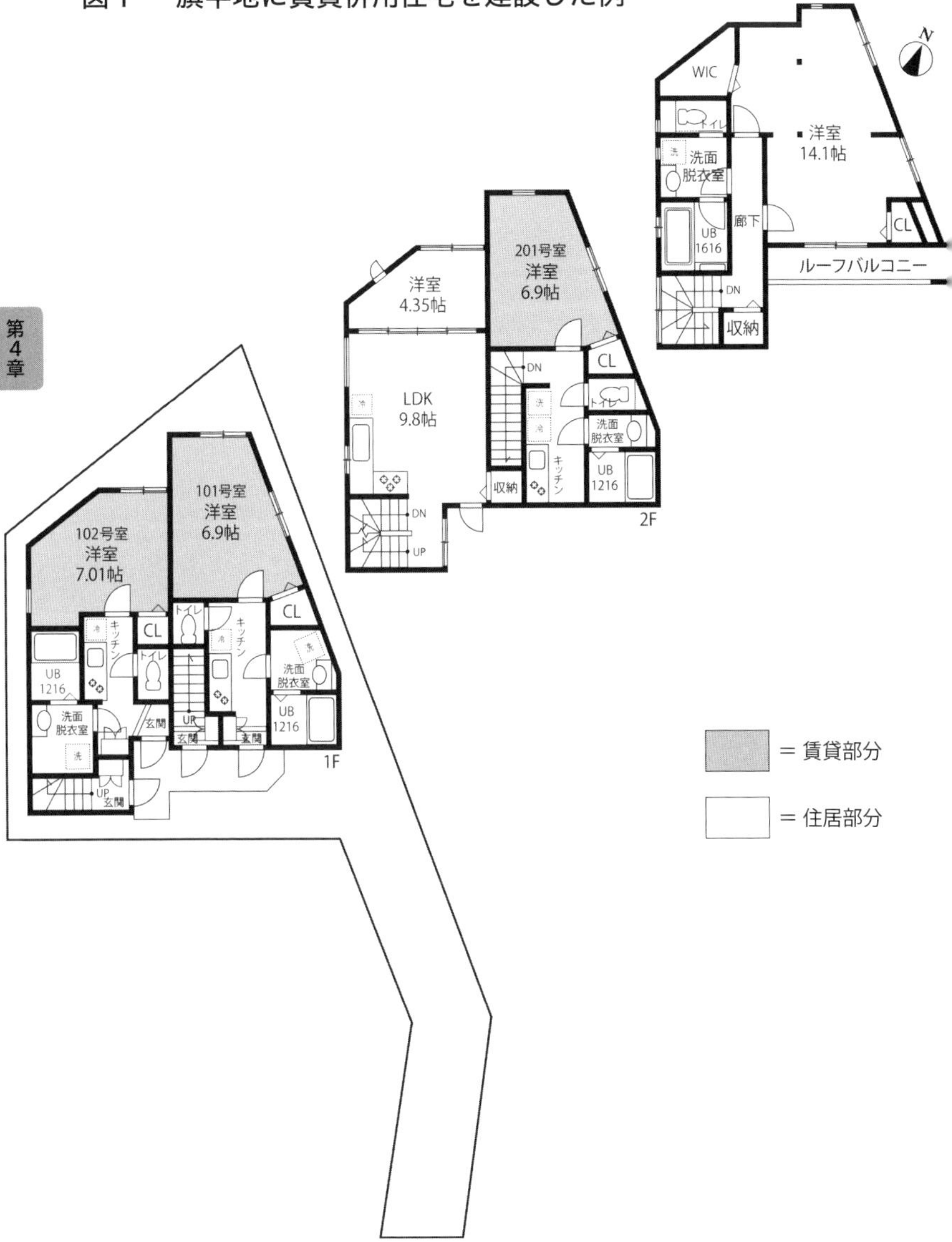

長年、東京で住宅販売を手がけてきた経験からお伝えしますと、一般的な建売住宅を建てる場合、18~20坪ぐらいがちょうどいいといわれています。賃貸併用住宅の場合、土地は35坪ぐらいが多いのですが、35坪ぐらいの旗竿地となると、一般の建売にしては大きすぎて、なかなか売れません。しかし、賃貸併用住宅だとちょうどいいのです。その意味でも、旗竿地は狙い目なのです。

また、一般的な戸建ての場合、間口が2・5mはないと、車が通ることができないため、間口が2mの旗竿地は敬遠され、なかなか売れません。しかし、賃貸併用住宅については、車庫を必ずしも確保しなくてもいいため、旗竿地でも成立するのです。

以前は、分譲住宅でも、車庫付きと車庫なしとでは、1000万~1500万円ぐらい差が付くほど、車庫付きは人気でした。

ところが、今は時代が変わって、車を買わない人が増えてきました。車の維持費が高いことから、必要なときにシェアカーやレンタカーを利用する人が増えてきました。

賃貸併用住宅の場合、車庫を作るスペースがあるなら、1部屋分の賃貸住宅を確保できます。１部屋で家賃６万円とすると、年間72万円、10年間で７２０万円の収入になります。「それでも車庫を作りますか」と聞くと、どうしても車が必要な人は、駐車場だけ、別に借りる場合があります。それでも月に２万円ぐらいの出費で済みます。

少しでもお得に土地を見つけたいと考える人は、旗竿地をチェックしてみてください。

## さあ、土地を探そう！

不動産の世界では、「千三《せんみ》つ」という言葉があります。これは「１０００軒の物件を見ても、購入すべきいい物件はわずか3つしかない」という意味です。つまり、１０００軒ほどの物件を見て、ようやく購入すべき候補の物件が3つ見つかるというくらい、優良な不動産を目利きすることは難しいといわれています。

毎日、賃貸併用住宅が建てられる土地を見ている不動産会社に探してもらうと、自分に合った物件を見つけてくれることでしょう。

私も当社のスタッフも、とことん土地を見る、お手伝いをしています。

賃貸併用住宅向けの土地を紹介していますし、ご希望条件を伝えていただければ、それに沿うような土地が出てきたときに、すぐにお知らせをしています。

他社で扱っているもので気になる物件が見つかることもあるでしょう。そのような場合もご相談に乗っています。


土地を見学する際には、近隣を歩いてみることをおすすめします。付近に賃貸住宅があれば注意深く観察して、カーテンや郵便受けの状態を確認して、どれくらい入居者が入っているのか、空室が多くないかどうか、単身者の賃貸住宅が多いのかどうかなど、チェックしてみましょう。

近くの不動産会社に入って、その周辺の賃貸住宅の家賃相場も併せてチェックするとよいでしょう。

家賃の相場がわかれば、その地域に建てたらどれくらいの家賃収入を得られるかの目安を立てやすくなります。建物のプランを考える際にも、賃貸部分に何部屋確保するか、どのような間取りにするかといった戦略が立てやすくなります。

# 第5章

## ▼プランニングとシミュレーション▲

# 賃貸併用住宅の設計

## 賃貸併用住宅の購入ステップと建築スケジュール

土地選びができたら、次は設計士を交えて、建物のプランの作成に入ります。賃貸併用住宅は、場所からプランまで、何から何まで同じものが一つとしてない、オーダーメイドで作ることになります。それが難しい点でもあり、またおもしろい点でもあります。どんな間取りや設計だと入居者が入りやすいのか、賃貸併用住宅のプランを考えるにあたり、必要な考え方などについて解説します。

**①予算**

賃貸併用住宅のプランを考えるうえで、最も重視すべき点が予算です。予算に応じて、広さや部屋数を決めていきます。

**②賃貸ニーズに合った建物設計**

賃貸ニーズがあるエリアで、ニーズに合ったものを作ることです。もちろん、自宅を兼ねるため、ご家族の将来や親の介護まで見据えて考える必要があります。高齢になったご両親を呼びよせて、賃貸部分の1室に住まわせることも可能だからです。

### ③間取り

自分の理想を実現するとともに、賃貸住宅として家賃を最大化し、入居率が高くなるようなアイデア、ノウハウ、デザインがポイントになります。

### ●購入のステップと建築スケジュール

通常、建築プランが決定したら、詳細な設計資料を役所に提出し、建築確認を取って着工します。地盤調査をして、必要であれば地盤改良をします。

建築工事の期間は、木造の場合、プランが確定してからおおむね6～8か月になります。基礎工事を行い、コンクリートの上に土台を作ります。この基礎工事を開始し、柱が立って屋根ができる上棟までに3か月半程度。上棟から竣工までに約3か月半を要します。

工事は当初予定より遅れることも多くあります。家がいつ完成して引き渡され、入居で

第5章

きるようになるのかは重要なことですが、賃貸併用住宅では、入居者の募集をいつから行うかも大事なポイントです。入学、入社シーズンの春が、賃貸では一番の繁忙期となります。そのタイミングに合わせて完成させるのが理想的です。

ご参考までに、当社の賃貸併用住宅の完成までの流れをご紹介します。

**購入から入居までの流れ――一般的なスケジュール**

**①問い合わせ**　ホームページよりお問い合わせいただきます。

⇩

**②当社からご連絡**　ご面談の日時を調整します。

⇩

**③ご面談**　次の項目についてうかがいます。

- ご希望のエリア
- ご希望の賃貸併用住宅の規模（住居部分の間取り、賃貸部分の部屋数など）

・重視している内容（エリア、月々の収支のバランス、間取りなど）
・ご予算
・いくらぐらいのローンが組めるか
・住宅ローン審査の必要項目

⇩

**④物件（土地）案内**　気になる物件や、おすすめの物件をご案内します。

⇩

**⑤賃貸調査**　周囲にどのような賃貸物件があるか、家賃の相場はいくらかなど、賃貸市場を調査します。

⇩

**⑥プラン入れ**　その土地に建てる賃貸併用住宅の建築プランを作成します。

⇩

**⑦建物プレゼン**　土地の条件、予算、うかがったご希望などを踏まえて作成した建築プランを建築会社よりプレゼンします。プロの観点でなぜこのようなプランにしたかを、しっかりご説明します。

第5章

**⑧買付書（意思表示）**　⇦　売主様に購入の意思表示をするため、買付書を提出します。

**⑨ご契約**　⇦　土地の売買契約を結びます。

**⑩住宅ローン融資事前審査**　⇦　金融機関で、住宅ローンに正式に申し込む前に、ご返済能力などを短期間に判断する審査をします。物件の売買契約等を結ぶ前に、住宅ローンが借りられそうかを確認できます。

**⑪住宅ローン本申込み**　⇦　住宅ローンの事前審査が通ったら、金融機関の担当者と面談のうえ、本申込みをします。

**⑫金銭消費賃借契約**　⇦　金融機関と「金銭消費貸借契約」を結びます。

**⑬建物契約**　⇦　建築会社と建築請負契約を結びます。

⑭**土地決済**　土地代金の支払いと、土地の所有権の移転を行う手続きを金融機関で行います。買主様、土地の売主様、司法書士、当社が集まり、手続きをします。

⇦

⑮**プランの確定**　プレゼンされたプランをベースに希望を織り込んでいき、法的な部分も考慮しつつ、プランを確定します。

⇦

⑯**建物打ち合わせ**　建物の仕様や設備について、最終的な確認を行います。

⇦

⑰**地鎮祭**　工事の無事や安全と、家の繁栄を祈る地鎮祭を行います。神職をお招きしてお供え物をし、お祓い、お浄めなどをします（地鎮祭は省略することもあります）。

⇦

⑱**地盤調査**　地盤が建物を安全に支えられるかの調査を行います。一般財団法人先端建設技術センターより技術審査証明を取得した確かな技術で、表面波探査法で調査を行います。

⇦

第5章

**⑲地盤改良**　地盤調査の結果を踏まえ、必要に応じて地盤改良を行います。地盤改良にはさまざまな工法があり、現況と経済性の面から、最適な工法を選択します。

⇩

**⑳建築確認申請**　建てようとしている建物が、建築基準法や各種条例等に適合しているか確認を受ける「確認申請書」を役所か民間の建築確認検査機関に提出します。

⇩

**㉑着工**　いよいよ建物の建築に着工します。

⇩

**㉒内装等セレクト**　建物の仕様書で指定されているカタログから、内外装をセレクトします。ショールームで選んでいただく場合もあります。

⇩

**㉓基礎工事検査**　基礎工事後に行われる検査。土台や床が施工された後では基礎に不備があっても直すのは難しいため、この段階で第三者の検査機関が行います。

⇩

**㉔上棟**　建築が進み、屋根の一番上の部材である棟木を取り付けること。棟上げともいいます。

⇩

**㉕検査**　上棟で家の骨組みが組み上がった段階になったので、屋根や外壁で見えなくなる前に検査をします。

⇩

**㉖管理契約**　賃貸部分の入居者条件など、打ち合わせのうえ決め、管理契約を結びます。

⇩

**㉗入居者募集**　建物完成から間もないタイミングで賃貸部分が埋まるよう、この段階で入居者の募集を開始します。

⇩

**㉘建物完成**　外装工事、内装工事、設備工事などが終わると建物の完成です。

⇩

**㉙完了検査**　間取りや設備などが、確認申請をした図面通りになっているか、行政に

第5章

よる検査を受けます。

⇩

**㉚建物決済**　建築の残代金の支払（決済）と、建物の引き渡しを行います。併せて、所有権移転登記も行います。

⇩

**㉛ご入居**　念願のマイホーム（賃貸併用住宅）に、ついに入居です！　年度末など引越しが混む時期もあるため、早めに手配をしましょう。

おおむねこのような流れで、6〜8か月かけて、賃貸併用住宅を建てることになります。

## 土地代金と建物代金の支払いスケジュール

賃貸併用住宅を建てる一連の流れのなかで、今一度整理しておきたいのが支払いのタイミングです。ここで改めて、支払いのスケジュールについて確認しましょう。物件の決定から完成までにお金を支払うタイミングが、だいたい5回あります。

まず、土地の売買契約を結ぶ際に「手付金」が発生します。土地代の5％を支払うのが一般的です。また、建物の契約金は、土地の売買契約と同時期に支払うことが多いです。

次は、土地が引き渡しとなったときに、土地代の「残金」を決済します。これは銀行から借り入れたお金で支払います。

続いて、その後の建物の支払いは、「着工金」「中間金」「残金」の4回に分けて支払う場合が多いです。金融機関から借り入れて、分割融資で支払いできる場合があります。通常、建物を建てる前に間取りを決め、行政に対して確認申請を行い、初めて着工します。「着工金」はこの段階で支払います。次に柱や梁などが造られ、今後の工事の無事を祈願する上棟式の際に、「中間金」を支払います。ちなみに、上棟式は必ず行うものではなく、ご希望により実施しています。

建物が完成して検査も終わると日程調整のうえ、引き渡し決済を行います。金融機関に売主・買主・司法書士・不動産会社が集まり、書類をチェックして問題がなければ融資を

第5章

実行し、残金が支払われます。それと同時に登記を行います。登記とは、所有権が移転したことを登記簿に記載する手続きです。そこで住宅ローンを融資した金融機関は、抵当をつけることができます。

金融機関の融資は土地と建物の残金の支払時のタイミングで2回に分けて行われる場合と、その都度融資が行われる場合があり、金融機関により異なります。

融資が行われるタイミングと支払いのタイミングを合わせられるように、事前に不動産会社にスケジュールを確認しておきましょう。

## 建築コストと、家賃設定のポイント　収支のシミュレーション

賃貸併用住宅を経営していくにあたり、安定した利益を確保していくためには、収支のバランスが非常に重要になります。ここでは建築コストと家賃設定について、覚えておきたいポイントを解説します。

収支を考えるうえで、非常に大きな支出となるのが、建築費です。通常、建築費は坪単価で算出します。1坪は約3・3㎡。建物の面積1坪に対する構造別の建築費は、おおよそ次のような金額になります。建築費は常に変動し、また、プランによっても変化することがあります。

**《構造別　建築費の目安》**

- 木造：70万～80万円
- S造（鉄骨造り）：100万～110万円
- RC造（鉄筋コンクリート造り）：120万円

＊賃貸併用住宅の場合は賃貸の戸数によって金額が異なります。

また建築費を算出する際に覚えておきたい点として、建築費の算出方法には「施工床面積」と「延べ床面積」の2つで計算する方法があることです。「施工床面積」は、バルコニーや通路なども含めた工事を行う建物全体の面積です。「延べ床面積」は、各部屋の床面積の合算で、どちらで計算されているのか、建築費をチェックする際には注意深く見てみましょう。

## ●収入のシミュレーション

重要なことは、賃貸部分の戸数をどうするかです。戸数は多ければ多いほどいいというものではなく、延べ床面積の50％のなかで、どんな間取りで、何戸設けるのが、リスクが少なく、安定した家賃収入を得られるかを考えなくてはなりません。

たとえば、次のようにシミュレーションをしながら比較検討するといいでしょう。

### 《賃貸部分のシミュレーション例》

賃貸部分を2部屋にする場合と、3部屋にする場合で比較してみます。

・2部屋の場合は、1部屋の面積が広いので家賃を11万円と設定。
・3部屋にする場合は、その分、狭くなるので8・5万円と設定。

それぞれ満室の場合の家賃収入は、

## 図2　２部屋のプラン（例）

N
UB
1216
洗面
WC
102号室
8.0帖
101号室
8.0帖
収納
UB
1216
廊下
収納
SB
玄関
玄関
洗面
SB
SIC
ポーチ
ホール
WC
玄関
UP
道路
1F
ルーフバルコニー
洋室
5.4帖
納戸
4.7帖
廊下
DN
書斎
カウンター
WC
吊戸
3F
UB
1616
洗面脱衣室
WC
洋室
3.9帖
収納
収納
収納
納戸
3.2帖
LD
10帖
キッチン
3.4帖
ホール
DN
UP
備蓄倉庫
2F

## 図3　3部屋のプラン（例）

N
WIC
WC
DN
ホール
DK
11.0帖
洋室
5.4帖
バルコニー
3F
クローゼット
UP
UB
UB
洗面室
クローゼット
洗
洗面室
WC
玄関
玄関
DN
DN
クローゼット
洋室
5.2帖
201号室
5.4帖
冷
バルコニー
UP
UP
2F
PS
洗
洗面室
WC
UB
UB
洗面室
洗
WC
クローゼット
クローゼット
冷
冷
102号室
7.3帖
101号室
7.3帖
玄関
玄関
UP
UP
1F

〔2部屋の場合〕11万円 × 2部屋＝22万円
〔3部屋の場合〕8・5万円 × 3部屋＝25・5万円

3部屋のほうが家賃収入が多くなるのは、見ての通りです。

しかし、3部屋の場合は部屋が狭いので、空室になる可能性が高くなると考えられます。そのため、年間を通じての空室率が2部屋は5％に、3部屋は10％と想定して計算をします。

空室率を加味したそれぞれの家賃収入は、次の通りです。

〔2部屋の場合〕11万円 × 2部屋 ×95％＝20万9000円
〔3部屋の場合〕8・5万円 × 3部屋 ×90％＝22万9500円

このように2部屋での空室率は5％、3部屋の空室率は10％と想定しても、3部屋のほうが家賃収入は多くなります。ただし、3部屋での空室率が19％まで上がると2部屋のほうが収支はよくなります。空室率がそこまで上がることは少ないだろうと考えると、やはり3部屋のほうがよいと判断できます。

空室率は、近隣の賃貸物件を参考にすると、より実態に近い数値をシミュレーションできます。

このようにして、何戸設けて、いくらの家賃で貸すといいか、支出と収入のバランスを見ながら検討していきます。物件ごとに、ベストな結果は異なります。

ちなみに、当社では、賃貸部分の想定家賃の資料を作成します。周辺の相場や地域の特性、賃貸の成約事例などを考慮して家賃を算出、設定します。しかし、他社では違うやり方で想定家賃を出しています。

ほとんどの不動産会社は、想定家賃は複数の外部業者に依頼して算出させ、その中で最も高い家賃を採用します。さらには、「新築だから高い家賃が出せるだろう」「これでは収支が悪いから高めの家賃を出しておこう」といった考えで算出した家賃をオーナーに示すケースもあります。そのため、当然ながら無理が生じ、空室リスクが高くなってしまうのです。さらに先々の収支に悪影響を及ぼし続けてしまいます。

入居者募集、賃貸管理までお付き合いをするため、根拠のない家賃設定をしてしまうと自分たちの首を締めてしまいます。ですから、架空の家賃設定は絶対にしません。みなさんも、業者に市場調査を依頼するときは、本当にその想定家賃で間違いがないのか、周辺相場を見ながら慎重にチェックされるといいでしょう。

## プランニングの際に注意すべきこと（自宅と入居者スペースの間取り）

賃貸併用住宅のプランを考えるうえで、覚えておきたいポイントをご紹介しましょう。

まず、賃貸併用住宅を何階建てにするかについて考察します。

### ●代表的な建物のタイプ

**・2階建てタイプ**

用途地域によって異なりますが、「高さ制限のため2階建てしか建てられない」「土地値が安く、3階建てにするより面積を取って2階建てを建てたほうがコストパフォーマンス

## 図4　2階建てのプラン（例）

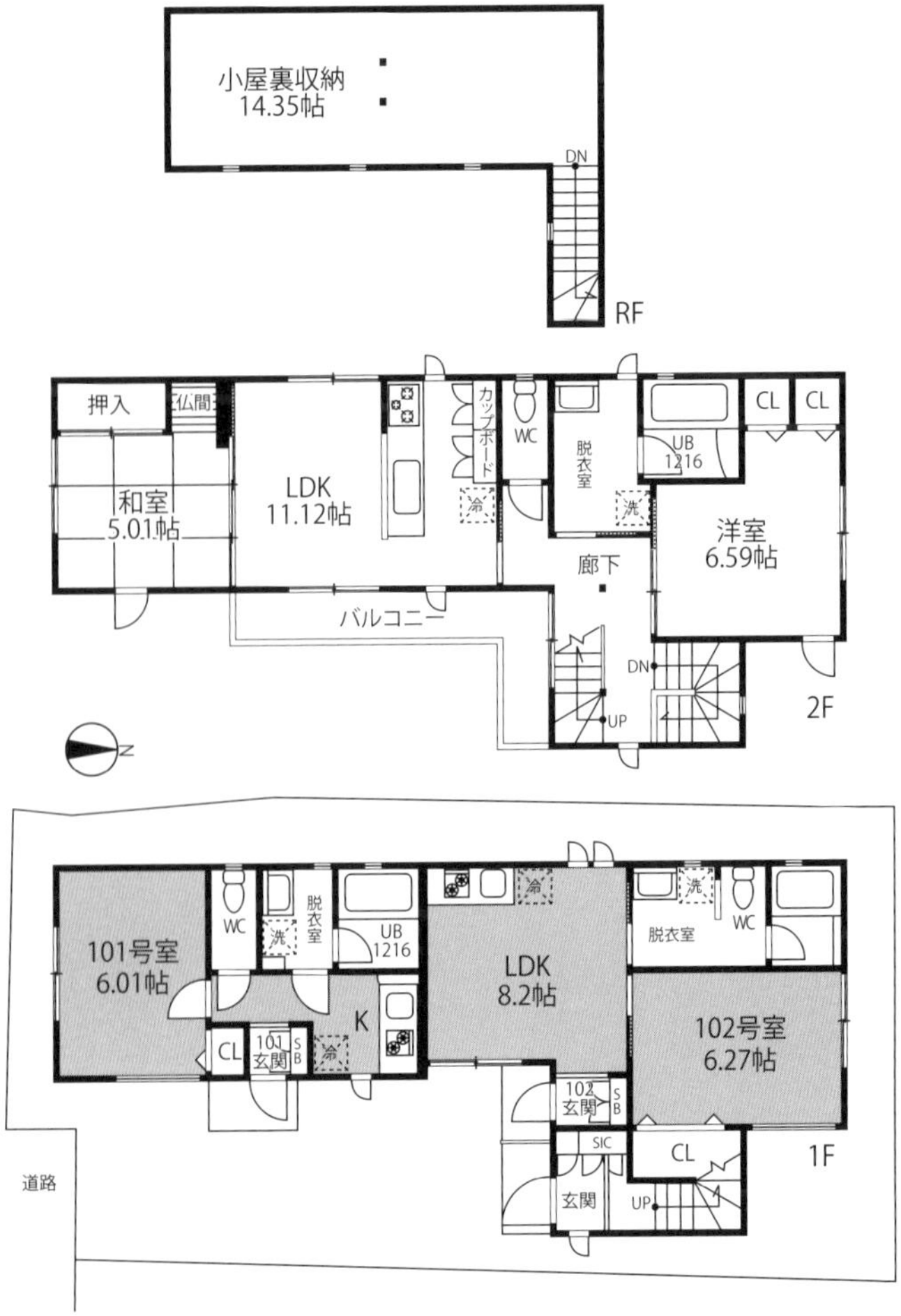


賃料は 101号室 ＝ 95,000 円、102 号室 ＝ 130,000 円（東京都世田谷区）。

図5　3階建てのプラン（例）

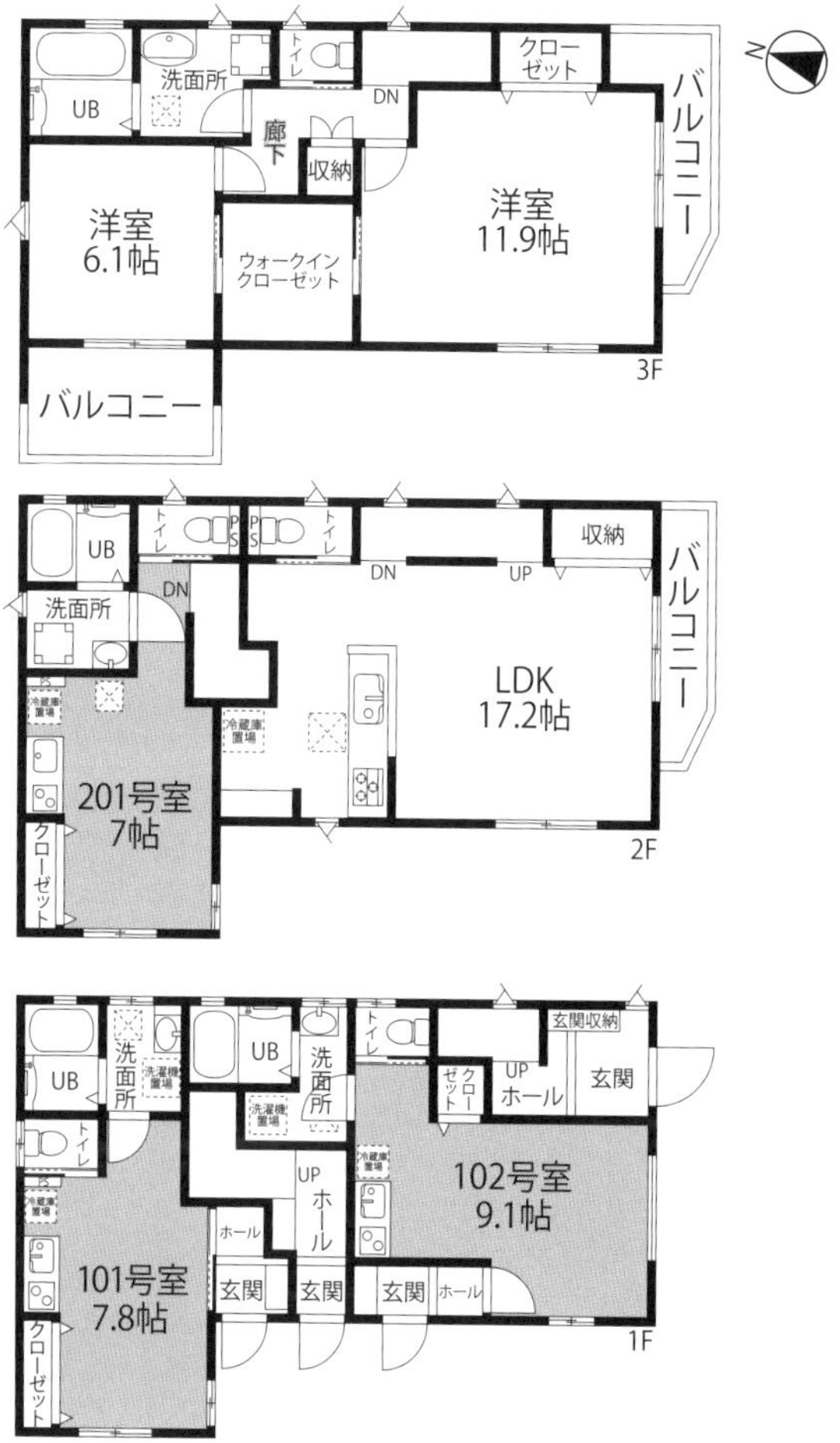


賃料は 101号室 ＝ 58,000 円、102号室 ＝ 61,000 円、201号室 ＝ 61,000 円（埼玉県さいたま市）。

がよい」（3階建て以上は耐震強度確保のため建築コストが上がるため）といった場合、2階建てを選択します。また、強度面から木造での建築が可能なので、建築コスト（坪単価）も安くなります。

**・3階建てタイプ**

都内などで土地値が高く、高さ規制も緩やかなエリアの場合、できるだけ延べ床面積を確保するため、3階建てを選択します。2階建てに比べると耐震強度が求められ、建築コストが高くなります。

**・4階建て以上**

商業地域など、建築制限が緩やかで、予算も余裕があれば、4階建て以上も可能です。木造では建築できず、S造（鉄骨）やRC造（鉄筋コンクリート）で建築するので、建築コストは高額になります。なお、4階建て以上を選ぶ場合は、住居部分が30%、残り70%が賃貸部分などの投資色が強い物件となるため、住宅ローンは使えなくなりますが、建築することは可能です。

## ●工法

賃貸併用住宅の工法は自由に選べますが、予算面で木造になることがほとんどです。木造といっても、近年の建築技術は著しく進化しており、音の問題は以前に比べ、かなり軽減できるようになっています。そうはいっても、できる限り防音対策を施すべきです。そのためには、マイホームの設計とアパートの設計の経験が、プランニングするうえで試されます。

たとえば、リビングはテレビを見たり、子どもが走り回ったりするため、最も音が出ます。そのため、この直下などには賃貸部分の寝室や居室がこないような設計が望ましいのです。また隣の部屋との間に、クローゼットや設備関係が入るような間取りにしておけば、音が伝わりにくくなります。こうした賃貸併用住宅ならではの設計上のテクニックがあるのです。

ちなみに、当社の賃貸併用住宅では、防音対策は次のように三層構造で対策しており、音の問題はほとんどありません。

〔三層構造での防音仕様〕

⑴ 防音シート、⑵ 石膏ボードの2枚貼り、⑶ フローリング

一般的に、音は下から上に行くといわれています。それを構造や設計によって、しっかり遮ることが理想的です。木造では100%遮音することは困難ですが、防音に重点を置いた施工が求められます。

賃貸併用住宅のプランを考えるうえで、自宅部分を何階にするかも悩ましい問題です。自分の住環境を優先するなら、住居部分は最上階にすることで、「上の階の足音などの騒音が気になる」といった音の問題はなくなります。また、最上階は景色が一番良くなることがあります。

逆に、あえて自分の住居部分を1階にするパターンもあります。1階の部屋は入居者に比較的人気がないので、そこに自分たちが住み、人気のある2階を賃貸部分にする選択です。入居者の確保を優先するプランです。

自宅を何階にするとよいかは状況により異なってきます。不動産会社や設計士と相談を

しながら決めるとよいでしょう。

ほかに、プランを考えるうえで、自分と入居者のプライバシーをしっかりと保護できるような動線が、快適に暮らしていくためのポイントになります。たとえば、玄関の場所を、お互いの目線が合わないような配置にするなどの配慮が求められます。

このように、賃貸併用住宅を建てる際には、賃貸と自宅部分の間取りの取り方や防音など、プライバシーに配慮したプランについては考慮すべきポイントがたくさんあります。だからこそ、前述したように、賃貸併用住宅の設計は、アパートとマイホームの両方の経験がある設計士に依頼すべきなのです。そのような設計士を依頼できる賃貸併用住宅専門の不動産会社をぜひ、頼りにしてください。

## 入居者の集まりやすい建物と設備（デザイン、防音など）

賃貸併用住宅の賃貸部分は、入居者に選んでもらえるような価値をもたせなければなりません。それも、向こう35年以上にわたり、長く入居者に愛されるような物件にしなくてはなりません。賃貸物件の設計では、そもそも万人受けするような「セオリー」やトレンドが多くあります。それらを踏まえたうえで間取りやデザイン、設備などを決めていきましょう。

賃貸併用住宅ならではの懸念として、「大家（オーナー）が同居していると、入居者がそれを嫌って部屋が埋まりにくいのでは」という質問をよくいただきます。確かにそのような不安もあるでしょう。そこで私が提案しているのが、大家が同居しているとわからないような外観や設計にすることです。一般のアパートやマンション風の外観デザインにすることで、大家が住んでいるかどうか、わからなくなります。

もしくは、大家と入居者の玄関や住居スペースなどを完全に分離し、気にならないようにする方法もあります。これらは、賃貸併用住宅の経験をもつ設計士や建築会社であれば、いかようにも対応できることです。

## ●家賃の集金

家賃の集金を誰が行うかによっても、大家さんの見え方が変わってきます。オーナーが自ら家賃を回収していれば、同じ建物内に大家さんが住んでいることが入居者にわかるでしょう。しかし、不動産会社に任せれば、どこに大家さんが住んでいるかわかりません。

当社では入居者の管理を請け負っていますが、入居者にはオーナーが住んでいることを知らせません。「転貸借方式」の契約を取っており、オーナーから物件を借り上げ、入居者に当社から貸す契約になっており、貸主は当社になるため、入居者は大家について知りようがないのです。そのため、入居者に何かしらトラブルがあったとしても、24時間体制で当社が対応します。

そうなると、管理面での心配はほとんどなくなります。それよりも重視すべきは、入居したくなるような住まいを提供することです。市場調査が大事だとお伝えしましたが、入居者が男性か女性か、学生か社会人かによっても、内装などのデザインが変わってきます。

たとえば、近くに女子大学があるならば、女子大生が好みそうな内装にするなどの対策が有効です。昨今では、学生も社会人もインターネットやスマートフォンで買い物をするようになり、宅配ボックスがついているかどうかも、重要なチェックポイントになってきました。

第5章

### ●コンセプトを決めて入居者を募集する手法

たとえば、テーマを「ネコを飼っている方専用」「ガレージハウス付きで趣味を楽しめる」「セキュリティ完備（オートロックや防犯カメラ、シャッター付き）」など、それぞれの物件に魅力をもたせることです。空港にアクセスの便利な立地であれば、CAさんの入居を想定して、エレガントな雰囲気の内装で、防犯面の設備を万全にして、キッチン周りの設備を充実させることで、ほかの物件との差別化をするのもいいでしょう。

賃貸ニーズを見極めたうえで、どんな間取り、デザイン、設備にすると入居者が入りやすくなるかを考えます。勉強がてら、周辺にはどのような物件が多いのか、人気があるのはどのような賃貸住宅なのか、近隣物件を散歩がてら見てみたり、インターネットの不動産情報サイトなどで調べてみると、多くの発見があるはずです。

## 賃貸併用住宅に意外とマッチするのが長屋

私が賃貸併用住宅の建築プランで、お客様におすすめしているのが、長屋タイプの設計

## 図6　長屋タイプの賃貸併用住宅　間取り例

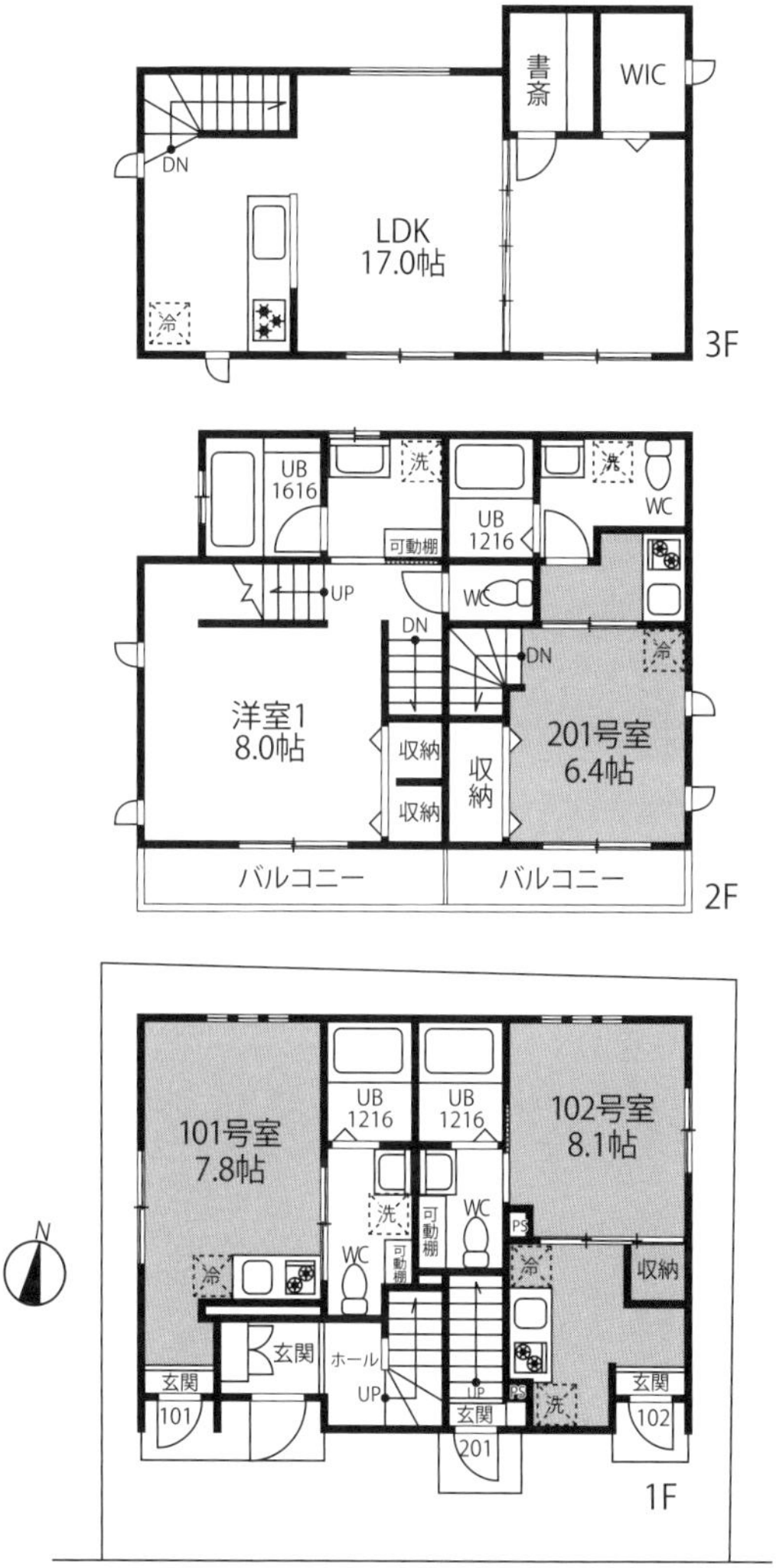

です。実はこれが、とても有効に空間を活用できるのです。

賃貸併用住宅は共同住宅でもあります。共同住宅は、自治体によって少しずつ異なる規制がいくつかあります。その中で長屋形式を使って規制をクリアできる場合があるのです。実例をあげて解説しましょう。東京都世田谷区では、共同住宅を建てる場合は道路に4m以上接していなければなりません。しかしこれはアパートやマンションなどに適用される規制であり、「長屋」であれば、道路に接しているのが2mでも規制対象外なのです。

では、アパートと長屋とでは、どう違うのか。それは「入口」です。長屋の入口は、すべて1階になくてはいけません。2階の部屋の入口も1階に作る必要があります。重層の設計にすることで、それが可能になります。2階の部屋に行くには、1階に玄関を作り、玄関ドアを開けるとすぐに階段になっているような構造になります。

この構造は珍しいものではなく、賃貸併用住宅でよく取り入れられている設計です。

長屋というと古めかしく感じるかもしれませんが、デザイン次第でおしゃれな建物にすることができます。

## 家族の承諾と調整を忘れてはいけない！

最後に、プランを決めるうえで忘れてはならないのが、家族の承諾と調整についてです。賃貸併用住宅では、収入となる賃貸部分が重要であるとお伝えしました。しかし、残り50％のスペースはマイホームになるわけですから、ご家族にとって住みやすい家でなければなりません。快適に暮らせる、愛すべき住まいであってしかるべきです。ですから、ご家族の中に反対されている人がいるならば、しっかりと賃貸併用住宅の魅力を伝えて、理解してもらわなければなりません。

お客様の中で、「親に反対された」などという方がいらっしゃいます。詳しく話を聞いてみると、反対する根拠が特になく、よくよく聞いてみると、賃貸併用住宅について、よく知らず、知らないものについては、承認できないということがよくあります。

そうであれば、ぜひ打ち合わせの席にでも、ご家族を同席させて、賃貸併用住宅について理解を深めていただきたいのです。

ご高齢のご両親に、住宅ローンがゼロになる家の買い方があるといっても、なかなか信

第5章

じがたいかもしれません。本書で解説しているような、まっとうなノウハウのうえで成立している、新しい住まい方であることを納得していただきたいのです。

小さな子どもがいるご家庭の場合、せっかく賃貸併用住宅にふさわしい好立地が売り出されても、「子どもの保育園や幼稚園から遠くなるから」などの理由で諦めてしまう方がいます。保育園や幼稚園に通われるのは、ほんの数年のこと。もっと長いスパンで、ご家族の人生が、ライフプランが豊かになる方法をぜひ前向きに考えていただきたいのです。

購入後、家族の形態が変わったとしても、賃貸併用住宅の場合、賃貸部分があることで、たとえば、子どもが結婚して家庭をもったら、夫婦で賃貸部分に移り住み、自宅部分を子ども夫婦に住まわせることもできます。こうした住み方ができるのも賃貸併用住宅だからこそです。ぜひ、みなさんの理想や夢を叶えられるベストなプランを実現してください！

# 第6章

▼お金▲

## 知らないと損する
## 頭金、ローン、保険のこと

## 賃貸併用住宅ならではのお金の豆知識

都内で賃貸併用住宅を建てるには、土地代を含めて、建築費の総額は7000万～1億円ほど費用がかかり、一般的な戸建てを建てるよりも高額になります。そのため、賃貸併用住宅ならではの資金調達のコツがあります。

賃貸併用住宅を建てるには、住宅ローンが使えるものの、融資が可能な金融機関が限られます。土地から購入する場合、土地だけではなく建物にも融資が必要になり、これをまとめて融資できる金融機関は限られてくるのです。通常、住宅ローンというと、ネット銀行でも取り扱いがありますが、賃貸併用住宅の場合は、ネット銀行では扱っていません。

ご自分で金融機関を探すよりも、賃貸併用住宅を扱っている会社から紹介してもらうと、スムーズに融資先が見つかるでしょう。なぜなら、賃貸併用住宅に理解のある金融機関とのネットワークが豊富にあり、信頼関係ができているため、お客様に合った、おすすめの金融機関を紹介することができるのです。

## 住宅ローンが使えることが最強のメリット

賃貸併用住宅を建てるにあたり、住宅ローンが使えるのは、とても大きな魅力になります。なぜなら、賃貸住宅を建てる場合、通常ならアパートローンなどを使うことになり、住宅ローンより金利が高くなってしまうからです。特に今、住宅ローンは歴史的な超低金利です。

ある大手の都市銀行の住宅ローン金利は、0・5%〜（変動金利）。同じ銀行のカードローンの金利は、4・0〜14・5%です。

不動産投資に使うアパートローンでも、2・0〜4・5%程度です。銀行ではなく信販会社などの場合、8・0〜9・0%ということもあります。

この数字を見ると、いかに住宅ローンの金利が安いかがおわかりいただけるでしょう。

現在のように金利が低く、この先、金利の上昇が考えられる場合は、固定金利にし、現在の低い金利で固定できるのもメリットです。

最初は変動金利にしておき、金利が上昇してきたら、途中で固定金利への切り替えを検討することもできます。ほかにも、変動金利と固定金利のミックスや、最初の3年だけ、10年だけといった一定期間、固定金利にすることも可能です。

住宅ローンはその他のローンに比べて、格段に審査が通りやすい点も覚えておきたいポイントです。住宅ローンの審査の条件は「健康で、勤め先の安定収入がある」という程度です。アパートローンであれば周辺の家賃相場調査、空室率予想、家賃の下落予想、人口減少予想などを綿密に行い、そのほかにも融資先の人柄などを見る必要があります。それでも万一、融資先が返済不能になったら、信用調査が甘かったということで、融資担当の責任が問われてしまうのです。貸す側の事情もあり、アパートローンは審査が厳しい一方、住宅ローンは審査に通りやすいのです。

さらに住宅ローンの魅力として、頭金がなくても、諸費用分も融資が受けられることがあります。住宅ローンであれば、物件価格の全額分の融資を受けることができる可能性があります。これを「フルローン」といいます。マイホームを買う際に、よく「物件価格1割は、頭金を貯めよう」などといわれますが、実は頭金がなくても家が買える可能性があります。少ない自己資金で賃貸併用住宅の購入が可能になる場合があるのです。とはいえ、諸費用分（おおむね物件価格の5〜10％程度）程度は自己資金を用意することをおすすめします。

この諸費用分も、銀行や借り手の状況によっては融資を受けられることがあります。これを「諸費用ローン」といいます。最大で物件価格の10％ですが、その分、審査は厳しく、物件価格にも影響してきます。

住宅ローンは、35年の長期にわたって組むことができます。ただし、現在の年齢から35年後に80歳を超える場合は、満80歳からマイナス1歳をして、今の年齢を引いた年数が最長期間となります。

返済期間が長くなれば、月々の返済額が軽くなるので、ローン返済額と家賃収入とのバランスが取りやすくなります。

ちなみに、投資目的で不動産を購入する場合のアパートローンは基本的に法律で定められた建物の耐用年数（法定耐用年数）の残り年数が、借入期間の基準になります。木造なら、新築の最長で22年です。中古では、築年数がそのまま引かれてしまいます。住宅ローンに比べて、アパートローンは返済期間が短いので月々の返済額が大きくなるというデメリットがあるわけです。

第6章

住宅ローンでは、住宅ローン減税が適用されることも大きな魅力です。住宅ローン減税は、後ほど詳しく解説しますが、賃貸併用住宅でも適用され、大きな節税効果があります。

## いくらぐらいローンが組める？　融資を受ける場合の条件

住宅ローンの審査で重視されるのは、借り手の「職業」「勤め先」「勤続年数」「年収」です。「給与所得の中からいくらまで返済できるのか」と「どれだけ安定した勤務形態か」といった点が重点的に見られます。金融機関にしてみれば、現在のような低金利でも、利益を出せているのです。それは借り手が、安定した勤め先に長く勤める傾向が非常に強いということが影響しているためです。

賃貸併用住宅を建てるには、７０００万円以上の借入が必要になります。その場合、住宅ローンを利用できるかどうかの審査の一般的な目安は、次の通りです。

**●住宅ローンを利用できるかどうかの審査の目安**

・勤続年数が3年以上の正社員が望ましい

＊条件や金融機関により異なる場合があります。

・世帯年収700万円以上が望ましい

・団体信用保険に加入できる健康状態であること

融資金額の判断基準には、返済額が収入に占める割合（返済負担率）があります。年収や金融機関にもよりますが、一般的には月収の35％以下が目安です。

では、いったい、いくらぐらい融資を受けられるかというと、一般的なサラリーマンの方であれば、年収の5・5～8・5倍程度です。最も多いのは7・5倍程度です。正社員に限らず、派遣社員や自営業、会社役員といった方でも、借入が可能な場合があります。

「妻が産休・育休中で世帯年収が少ないため、融資を受けるのが難しいのではないか」とご相談をいただくことがあります。退職していなければ、産休・育休前の収入を加味して審査ができることがあります。

第6章

逆に復職後に融資の審査を受けると、勤務時間の短縮などで年収がかえって下がってしまい、下がった年収で審査をすることになる可能性があります。これも家を買うときに覚えておきたいポイントです。

## 無理のない返済額は？　返済比率は月収の35％

住宅ローンでは長期にわたり、何千万という、これまで借りたことがないような大金を金融機関から借りることになります。めいっぱいお金を借りて返済は大丈夫だろうかと、不安に思われるかもしれません。それは当然の心理でしょう。

返済比率は、収入における住宅ローンの返済額の割合です。一般的な金融機関では、年収400万円以上〜700万円未満の世帯の場合、住宅ローンの返済比率の目安は、35％としています。

たとえば年収が600万円なら、600万円×35％＝210万円。これが年間の返済額の上限となります。

これをさらに12か月で割ると、210万円÷12か月＝17万5000円となります。すなわち、これが年収600万円の世帯の毎月の返済額の上限です。

この場合、どのくらいの借入れができるか、計算してみましょう。

たとえば4000万円の物件を購入し、35年で返済するとします。それを1・5％の金利で借り、「元利均等返済」で返済すると、毎月の返済額は12万3000円になります。

先ほど計算した返済限度額17万5000円に収まっています。ざっくりとした計算で年収600万円であれば、4000万円程度が住宅ローンで借りられる目安になるわけです。

夫婦共働きの場合は、2人の年収を合算して考えることができます。

以前に自動車ローンや学費ローン、カードローンなどのローンを組んでいた場合、それらのローン残高は、住宅ローンの借入れ限度額から差し引いて計算しなければならなくなるので、注意が必要です。またワンルームマンションなどの投資物件を買う前に、賃貸併用住宅の購入をおすすめします。なぜなら投資用物件も残債とみなされ、太陽光発電も同じく残債とみなされるからです。そのため、不動産投資をしようと考えている人は、賃貸併用住宅などのマイホームを先に購入することをおすすめしています。

最近では、便利なことに、インターネットで融資の一斉査定ができるようになりましたが、これはおすすめしません。

なぜなら、あまりに簡易的な審査にもかかわらず、本来なら融資を受けられる人までもが、ネット審査で除外されることがあるからです。ネット審査を通過できなかった場合、その履歴がデータ上残ってしまい、審査が通りにくくなってしまうというデメリットが生じることもあるのです。

ですから、安易にネットで融資の審査を受けず、対面でご相談されることをおすすめします。

私がお客様にお願いしていることは、審査の段階で明らかにしなければならない項目は、事前にさらけ出していただきたいということです。

ここまでの話で、年収から健康状態、家族のこと、相続のこと、さらには借金の有無なども、何から何まで審査の対象になってくることがおわかりいただけたでしょう。すべてをヒアリングしたうえで、ベストな融資を組むためのお手伝いができると考えています。

家を買う場合には、理想論だけではなく、現実的にいくら借りられるかで、購入できる家がある程度、決まってきてしまいます。

逆にいえば、プライベートな事柄も包み隠さず共有して、そのうえで一緒になってマイホームのことを考えてくれるような不動産会社を見つけていただくことが、融資面でも重要になってくるのです。

## 固定金利か変動金利か？　5年ルールと125％ルールとは？

住宅ローンを組むにあたり、金利について、知っておきたい項目があります。住宅ローンは固定金利と変動金利を選ぶことができます。どちらを選ぶとよいか、判断に悩むところです。

住宅ローンの返済期間は一般的に最長35年と長いですが、現在は歴史的な超低金利です。これから長期的な視点で考えると、これ以上下がることは考えにくく、いつかは金利が上昇する可能性が高いと考えられます。そう考えると、固定金利がよいと考えるかもしれません。

しかし変動金利を選んでも、住宅ローンでは急激に金利が上がらないように守られています。住宅ローンは多くの人が利用しているため、急激な金利上昇に耐えられなくなるケースが予想されるからです。

変動金利における金利の見直しは、半年ごとに行われます。実は、返済額は5年間変わりません。5年たって返済額が見直される際に、その時点でのローン残高や返済残年数、金利で再計算されます。これを「5年ルール」と呼びます。

また、見直しの結果、返済額がアップすることになっても、それまでの月々の返済額の125%が上限となり、これを超える分については先送りとなります。

これを「125%ルール」と呼びます。この「5年ルール」と「125%ルール」があるために、たとえ変動金利を選択して、金利が上昇しても「月々の支払い額が大幅に増える」ということはないのです。

もしも返済額が増加するようなことになるなら、事前に、さらに有利な条件の住宅ローンに借り換えをしたり、繰り上げ返済するといった回避策もとることができます。

覚えておきたいのは、変動金利から固定金利への変更は可能でも、固定金利から変動金利への変更は原則できないことです。

もう一つ、次の言葉も住宅ローンを考えるうえでよく目にすることになるため、覚えておくといいでしょう。それは、元利均等方式と元金均等方式についてです。これは、住宅ローンの返済方法のことです。

元利均等方式は、元金分と利息分を合わせた返済額が、毎回一定額になる返済方法です。毎月の返済額が変わらないので返済計画が立てやすく、多くの金融機関で使われています。デメリットは、利息が元利均等より多くなることです。

もう一つの元金均等方式は、元金分は毎回一定で、元利分だけが回を追うごとに減っていく返済方法です。最初のほうの返済額が多くなり、これがデメリットといえます。しかし、支払う利息の合計は、元利均等返済より少なくなる点がメリットです。

## こんなときは銀行に相談！　転勤や失業、金利上昇時

住宅ローンを組んだ後、不測の事態になった場合についても、慌てずに済むように、理解しておきたいことがあります。それは、転勤や失業、金利が上昇したときなどです。

たとえば「転勤になって違う場所に住まなくてはならなくなった場合、住宅ローンの扱いはどうなるのか」というケースがあります。住宅ローンでは、自分で住むことが条件となるため、自分で住まないとなると問題になるのです。

これは賃貸併用住宅に限らず、一般的な家の購入で住宅ローンを使った場合でも起きることです。そのような場合、金融機関や個々の状況によって判断が異なりますが、ほとんどの場合は転勤で一時的に自宅を離れても、その間返済を滞りなく行えば問題なく、そのままの扱いになります。

交渉次第では、転勤している間、住居部分を賃貸に出して家賃収入を得ることを許可してくれる場合もあります。

金融機関としても、収入を増やして返済を健全に行うことを優先したいためです。

このような将来的に起こり得る状況についても金融機関と条件を決めておくことができます。

転勤だけではなく、失業をしたり、金利が上昇して住宅ローンの支払いが苦しくなったりすることがあるかもしれません。

しかし、賃貸併用住宅の場合は、ローンを返済できなくなるリスクが低いといえるでしょう。通常の給料収入に加えて家賃収入が入ってくるので、ローン返済の原資が「2本立て」になります。何かの理由で給与が少なくなったり、逆に賃貸部分の稼働率が下がって家賃収入が減ったりしても、どちらか一方の収入でカバーできる可能性が高くなります。それでも万一、どうしても返済が困難な状況になった際には、オーナーの居住部分も賃貸に出すことができます。その場合、住居部分を賃貸に出すことは、住宅ローンを貸し出している金融機関に許可を得る必要があります。

そうすればローン返済額の倍額近くの家賃収入が入ってくるので、オーナー自身は家賃の安い、別の賃貸物件に住むことで資金繰りをすることができます。

賃貸併用住宅はこのように、リスクを軽減する防波堤が何重にもありますので、ローン返済不能になるというリスクが非常に低いのです。そして、しっかりとローン返済さえしておけば、将来は何千万円という大きな資産が自分のものになります。

## 生命保険の代わりになる団体信用生命保険

住宅ローンで不動産を購入する場合、団体信用生命保険（団信）に加入することになります。団信は、ローンを借り入れている人が、亡くなったり、高度障害になったりした際に、ローンの残高を保障する保険です。保険の契約は銀行などの金融機関と保険会社の間で結ばれます。保険料はローンの支払利息の中に含まれているため、別途保険料を支払う必要はありません。

これにより遺されたご家族はローンの残りを負担することがなくなり、返済が終わった不動産が残ります。

たとえば、８０００万円の借入れをして賃貸併用住宅を購入後、ローンの契約者が亡くなった場合、８０００万円をどう補うのか？　通常の生命保険でこれだけの補償をしようとなると、かなりの額の保険料を支払うことになります。しかし団信は、通常の生命保険よりも圧倒的に低い保険料でこの補償を受けることができます。

一般的に、戸建てやマンションでも、マイホームを購入する際には、融資を組むと同時に、団信に加入します。金融機関によっては、団信への加入が義務付けられている場合や、任意になっているケースがあります。賃貸併用住宅の場合、入居者がいる限り家賃収入がありますが、団信に加入することをおすすめします。

### ●おすすめの八大（七大）疾病保障付き「団信」

これまでの団信は死亡と高度障害と診断されたときに保険が下りるのが一般的でした。しかし最近は「ガン保険付」や「生活習慣病に対応」などさまざまなオプションが付いた団信が登場しています。

また、従来の団信では、高血圧症、糖尿病、肝機能障害などの方は加入できませんでした。そんな方でも加入できる、やや条件が緩和されている「ワイド団信」もあります。

家系にガン患者が多いなど、健康面で不安のある方は、こうした団信について比較検討してみるのもいいでしょう。付加価値のある団信に入るには、まず金融機関に取り扱いがあるかどうか、確認することから始まります。付加価値のある団信の場合、保障が手厚くなる分、通常のローンより金利が0・1％高くなるケースがあります。

そう考えると、持病などがない、健康なうちにローンを組むことも、家を買う際に大事なポイントになってきます。

私がおすすめするのは、八大疾病保障付き団信です。ガン（上皮内ガンを除く）、急性心筋梗塞、脳卒中、高血圧症、糖尿病、慢性腎不全、肝硬変、慢性膵《すい》炎と8つの病気（七大疾病は慢性膵炎を除く）に対応する団信のことです。これらの病気がわかったら、住宅ローンがゼロになるだけではなく、100万円の保証金が出る団信もあります。また、特約で定められる病気にかかった場合、本人が死亡していなくても、該当の病気と診断された時点で住宅ローン残債が帳消しとなる手厚い保障となります。この特約に加入する場合、通常の住宅ローン金利にプラス0・3％程度上乗せするなど、あまり負担を増やすことなく保障内容を追加することができます。

ただし、これらの特約を付加するには、満51歳までという年齢制限があるため、注意が必要です。

最近では各銀行の金利引き下げ競争が一段落したため、団信に付帯する特約保障を充実させる傾向にあり、金利の上乗せなしで特約が最初から付与されている住宅ローンもあります。

団信に加入するための条件は、主に年齢制限と健康状態です。年齢制限では、団体信用生命保険の特約の有無によっても異なりますが、申込年齢70歳未満が団体信用生命保険の加入条件となっている金融機関が多いです。

一方、健康状態では、審査の項目として、

- 直近3か月の病歴
- 直近3年以内*の病気・手術・投薬、手・足の欠損または機能障害
- 背骨（脊柱）・視力・聴力・言語・そしゃく機能に障害があるかどうか

＊銀行によっては直近5年以内の場合も。また、ガンなどの特定の疾病については5年以内の病歴が審査項目となります。

＊2019年11月末現在の審査項目です。今後、変更になる可能性もあります。

もし該当する項目があった場合には、告知が必要になります。

告知事項の例としては「心筋梗塞」「心臓病」「高血圧症」「潰瘍《かいよう》性の病気」「ガン」「糖尿病」「肝機能障害」「うつ病」「視力・聴力・言語に著しい障害がある」などで、ほかにも多数あります。これらに該当する方や、過去に患った経験がある方は最悪の場合、加入を断られローンの借入れができない場合があります。

第6章

団信が生命保険や医療保険の代わりになり得るため、団信に加入したら、今入っている保険を見直すことをおすすめします。たとえば、死亡保険を減らして、その分、医療保険を充実させるのもいいでしょう。

## 火災保険は、購入時の必須条件

日本は地震大国です。最近では豪雨や台風の被害も増えてきました。どんなに注意をしていても、地震や台風、豪雨などの自然災害や火災などで住宅が被害を受けることがあります。購入した賃貸併用住宅に不測の事態が起こってしまっては大変です。

そのため、賃貸併用住宅の場合もマイホーム購入と同様に、万が一に備えて保険に加入しておきましょう。

通常、賃貸併用住宅を扱う不動産会社が提携している保険会社があり、そこから、賃貸併用住宅を購入するときに、どんな保険に加入するといいのか、紹介を受けることが多いでしょう。

検討すべき保険は、火災保険や住宅総合保険と呼ばれるもので、損害保険会社が扱う保険です。その保険会社と、販売の代理店契約を結んでいる保険しか扱えないルールになっています。複数の保険会社と契約している不動産会社もあれば、1社とだけ契約している会社もあります。

不動産会社には、提携している保険会社があります。なぜなら、ローンを借りる場合には、金融機関が物件を担保にしていますので、その物件が火事などで損害を受けないよう、火災保険への加入を義務付けているからです。

火災保険は基本となる住まいの保険です。保険料はローンの年数や補償内容にもより、保険会社によって異なります。

また、火災以外の災害にも備えておきたいものです。その場合、総合的に補償が受けられる「総合保険」があります。総合保険では、火災、落雷、台風、集中豪雨、ガス漏れによる破裂、給排水設備の事故による水漏れなどの損害を補償します。こうしたトラブルは避けられないものですから、総合保険の加入がおすすめです。

## ●地震保険への加入

火災保険や総合保険に加えて、加入しておきたいのが地震保険です。地震保険は単独では加入できず、火災保険のオプションとして加入することになります。地震保険料は都道府県ごとに基準が決められているため、同じ建物であればどの保険会社で加入しても同じです。

地震保険は、一緒に加入する火災保険の保険金額の30〜50％の範囲でしか契約できないルールになっていることも覚えておきたいポイントです。

昨今では、総合保険にプラスして「施設賠償責任保険」にも加入する方が増えています。これは、建物の欠陥や施設の不備によって他人にケガを負わせてしまったり（対人事故）、他人の物を壊してしまったり（対物事故）した場合の賠償金を補償してくれる保険のことです。

賃貸併用住宅の場合、賃貸部分で事故など何かあった場合、大家が負担することになるのではないかと、つい心配になるものです。しかし、賃貸部分は賃貸部分で、入居者がそれぞれ2年間の更新のタイミングに合わせて、火災保険に加入することになっています。

何かあった場合、自分が加入している保険だけではなく、賃貸部分は、入居者が加入している保険でカバーできることも覚えておきましょう。

## 購入後は保険の見直しと、修繕に備えた積み立てを

団信に入ることで、もし事故や病気で働けなくなったとしても、住宅ローンが免除される仕組みがあることもご理解いただけたでしょう。

ちなみに、家賃7万円の1Kが3戸入る賃貸併用住宅を購入した場合、毎月21万円の賃料が見込めます。

もしも家の名義人である夫が亡くなったとして、死亡保険金が2000万円下りるとします。団信に加入していれば、その後の住宅ローンの支払いはゼロになります。

残されたご家族は、妻と2人の子どもがいるとして、遺族厚生年金が月15万円入るとします。ちなみに遺族年金は2か月に一度の入金となります。

遺族年金と家賃収入だけで、毎月、21万円＋15万円＝36万円の収入になります。36万円あれば、それなりに暮らしていくことができます。

つまり、2000万円の生命保険には、手を付けなくても生活できるのです。

逆にいえば、生命保険を減らしても、賃貸併用住宅があれば、万が一のお金の心配がないということになります。

## ●将来的な修繕に備えて、積立貯金を

お金のことでみなさんにおすすめしたいのが、将来的な修繕に備えて、積立貯金をすることです。予期せぬ災害や火災に備えて、火災保険や地震保険に入っても、これらの保険では、経年劣化には対応できません。昨今の住宅の性能は非常によくなってきていますが、何十年も住めば、修繕が必要な個所もでてきます。月に1万円でいいので、修繕積み立てをしましょう。月1万円でも、年間12万円、10年間で120万円、20年間で240万円になります。それだけあれば、屋根の葺き替えなどの大規模修繕に備えることができます。

賃貸併用住宅ならば、家賃収入を住宅ローンの返済額に充てることができ、毎月の出費が減り、貯金ができるようになります。繰り上げ返済をするのもいいですが、修繕などに備えて、貯金をすることも大切です。

ほか、「退職金で住宅ローンを一括返済したほうがいいか?」と聞かれることが多くあ

ります。退職金を使わない家の買い方が、賃貸併用住宅です。退職金をあてにしない返済計画を立てることをおすすめします。

「親子でローンを組むこともできますか?」と聞かれることもありますが、この方法は、私は非常に有効だと感じています。実際に、50代の方がお子さんと返済する形で、ローンを組んで賃貸併用住宅を購入されたケースもあります。

ご家族の状況や収入によって、どんなローンの組み方をするのがベストなのか? いくらぐらいのローンが組め、いくらの賃貸併用住宅を購入できるのか? 具体的には、個別の情報をうかがってみて初めてわかることがたくさんあります。ですから、気になる方は賃貸併用住宅を専門に扱う会社に、一度相談してみるといいでしょう。

## 消費税増税後に活用したい、お得な制度

消費税率は10%に増税されましたが、増税後の住宅購入における負担を減らすための施

策がいくつかあります。

一つは「すまい給付金」です。これは住宅ローン額に対して所得が低くて納税額が少ないと、住宅ローン減税分が控除しきれないことから、その分を補うために作られた制度です。増税後はより対象者が拡充され、「年収775万円以下」の人を対象に最大50万円が、2021年末までに入居した住宅を対象に支給されます。住宅ローンを利用することが条件ですが、現金で購入した場合でも50歳以上で一定要件を満たす人であれば対象となります。

また、消費税増税後から始まる制度で、次世代住宅ポイント制度があります。税率10％でエコ住宅や耐震住宅など一定の性能を備えた住宅の新築・リフォームを行うと、さまざまな商品等と交換できるポイントが付与されます。

ポイントは1戸あたり新築で最大35万ポイント。35万ポイントで35万円分の商品等と交換できます。

さらに、住宅取得資金の贈与についても限度額が拡大されます。父母や祖父母など直系尊属から、自宅を新築、増改築等する資金の贈与を受けた場合、要件を満たせば、限度額まで非課税です（年度や取得物件によって異なります）。

ただし、贈与を受ける子や孫は20歳以上、合計所得額2000万円以下で、贈与を受けた年の翌年3月15日までに自分が住む家であること、床面積が50㎡以上240㎡以下などの条件があります。

家を買うときには、ぜひとも、こうしたお得な制度を活用していきましょう。

# 第7章

▼入居者募集と管理▲

# 物件の管理はプロに任せる

## 賃貸併用住宅の管理について考える

賃貸併用住宅は、出来上がって終わりではなく、そこからがむしろスタートです。

結論から申しますと、賃貸併用住宅の賃貸部分は、せいぜい2～4戸で、管理の手間がかからないと思われるかもしれませんが、入居者の管理や建物の管理は、不動産管理会社に一任すべきです。

とはいえ、オーナーに管理業務の知識があれば、何か不備があった場合に管理会社に適切に注意できるでしょうし、どの会社を選んだらサービスが充実しているのかなどを判断できるでしょう。

入居者の管理や建物のメンテナンスは、賃貸経営に欠かせないものです。建物の資産価値を長く保つためにも、管理業務についての理解を深め、常に清潔で快適な環境を入居者に提供することが大切です。

まず、賃貸物件の運営では、何よりも日々の管理業務が肝心です。もし、建物内のエントランスや階段、廊下など、入居者がよく使う共用部が汚れていれば、内見に来た人はここには住みたくないと思うでしょう。建物の劣化・陳腐化を放置してしまうと、せっかく買った不動産の資産価値はその分目減りしてしまいます。

## ●賃貸併用住宅の管理業務

- 入居者の募集
- 入居希望者の審査
- 入居書類の手続き
- 入居時の入金管理（敷金、礼金等）
- 入居時の入居者への説明（設備の使い方、ゴミ出しルールなど）
- 家賃の集金、集計
- 家賃の滞納チェック、督促
- 廊下や外階段などの共用部分や、外の敷地部分の定期的な清掃　※オプションです
- 共用部分の設備のメンテナンス（蛍光灯交換、給水設備、消火器等）　※オプションです
- 各部屋の鍵の管理
- 賃貸部分の設備（給湯器、キッチン、浴室など）に不具合や故障が起きた場合の対応
- 入居者からのクレーム処理
- 入居者間でトラブルが起きた場合の解決・近隣との調整やトラブル解決
- 漏水や火災など、万一の際の対応と、改修・補修工事の手配
- 退去時の原状回復費用の見積りと退去者の負担金の調整
- 退去時の立会い
- 退去後の原状回復工事の手配
- 敷金返金手続き
- 敷金の管理 など

表に示した通り、賃貸併用住宅の管理には、これだけの業務を行う必要があります。賃貸管理をオーナーが自らやるのは、大変なことなのです。

賃貸併用住宅ならば、自宅と同じ建物内に入居者が住んでいるため、家賃の回収などできそうな気になるかもしれませんが、近いからこその難しさもあります。入居者に何か注意をしたら、お互いに近くに住んでいるのが気まずくなるような場面もあるでしょう。

2016年に国土交通省が行った「賃貸住宅管理業者登録制度の改正」によって、管理業務の一部は専門の知識・経験をもった賃貸不動産経営管理士等が行わなければならないと規定されました。そのため、賃貸管理経験のない人が賃貸経営を行う場合、一部の管理業務を専門家に委託する必要があります。

一般的には、管理業務すべてを不動産管理会社に委託しているケースが多いのが実情です。なぜなら、クレーム対応やトラブル対応によってストレスを受けたくないと考えるオーナーが多いからです。やはり自分の時間を賃貸管理に使いたくはないものです。

## サブリース契約の注意点

最近では「サブリース契約」という方式でアパートの管理業務を委託するケースもあります。みなさんも耳にしたことがあるでしょう。昨今問題になっているため、サブリース契約についても理解しておきましょう。

通常の賃貸経営では、オーナーと入居者の間で賃貸契約が結ばれます。サブリース契約では、不動産会社がオーナーからマンションやアパートといった建物を一括で借り上げ、それをさらに入居者に貸し出します。オーナーには、毎月一定の収入が不動産会社から支払われます。サブリース契約は、所有する不動産の賃貸管理業務をすべて外部委託できるうえに、空室があったとしても一定の収入が得られるのがメリットといえます。

しかし、空室であるにもかかわらず、一定の家賃を払わなければならないのは、サブリース会社にとって負担となり、一定期間後、家賃がオーナーに払われなくなるなどのトラブルが発生する事態となり、問題になったケースが話題になりました。「あえてサブリース契約を結ぶ必要がない」ケースもあります。

賃貸物件の「貸主」がオーナー、「借主」がサブリース会社という形での契約になるため、オーナー側からの一方的な解約は、正当な理由がない限り受け入れられない仕組みになっています。逆に、賃貸物件の借主であるサブリース会社は、貸主であるオーナーよりも制限がないことから、簡単に契約解除をすることができます。賃貸物件の不動産価値が下がり、家賃収入が想定以下になれば、サブリース契約を解除して別のオーナーと契約をするといった手法も見受けられるため、注意が必要です。

賃貸併用住宅の場合、委託先の不動産管理会社は、建築に携わったハウスメーカーや不動産会社から紹介されるものが多いです。このとき、ほかの不動産管理会社と比較せずに契約をしてしまうと、何か不具合やトラブルが発生しても、対処しにくい状態になってしまいます。

賃貸併用住宅に限らず、委託先の不動産管理会社に違和感を覚えたら、ほかの管理会社の話や業務内容を調べてみるのも大切なことです。

## 間違いのない管理会社の選び方

賃貸併用住宅の場合、賃貸管理は不動産管理会社に管理業務を委託するのがいいとお伝えしました。では、その管理会社はどのようにして選ぶとよいのでしょうか。

建物の管理業務は、賃貸経営に大きくかかわる部分なので、管理会社選びでも不動産を購入するときと同じように慎重に決断しましょう。

たとえば、広告を出して入居者を募集しなくてはならないのに、広告をあまり出していない不動産管理会社では、空室がなかなか埋まりません。

また、清掃業務が雑であったり、トラブル時の対応が遅かったりする不動産管理会社は、入居者の不満が溜まりやすくなってしまいます。そうすると退去者が増えたり、短期間で入退去者が現れたりと、安定した家賃収入を得ることができません。

## ●管理会社を選ぶ3つのポイント

①入居率が95％以上
②入居募集に広告費をかけている
③管理会社のスタッフの対応が良い

入居率とは、賃貸不動産にどれほど入居者が埋まっているかを表す数値です。満室状態が100％であるため、95％であれば空室があるかないかといった状態になります。入居率が低く、入退去者の入れ替えが激しい状態であれば、不動産収入が不安定になってしまいます。安定した家賃収入を得るためには、できるだけ入居者とは長く賃貸契約を結んでいたいもの。高い入居率を維持している管理会社に業務を委託することが必要になります。

次に、どのように入居募集を行っているかで管理会社を判断します。たとえば、みなさんもご存知のようなスーモやアットホームといった大手不動産情報サイトに賃貸物件の情報を出していると、家を探している人の目に留まりやすくなります。

しかし、広告費用や仲介手数料にお金をかけたくないという管理会社であれば、入居募集の広告費は最低限になるので、入居者が決まるまで時間がかかります。そうすると、空室がある間は、その分の賃料をオーナーが負担しなければなりません。ですから、入居募集に力を入れていることも、管理会社を選ぶ際の条件となります。

管理会社の対応力を知るために、実際に話を聞きに行くことも重要です。

設備故障や騒音トラブル、近隣からのクレームなど、対応が遅れたり悪かったりすると、入居者の不満が溜まってしまうことになります。そうなれば、オーナーに直接文句を言ってきたり、退去者が増えたりと、経営に影響を与えかねません。

このような事態を避けるためにも、WEB上の情報や資料だけではなく、実際に管理会社に話を聞きに行ってスタッフの対応を見るようにしましょう。

これらの点に気を付けることで、サービスの行き届いた管理会社を見つけることができます。

## 入居者を探す独自の仕組みを構築している賃貸併用住宅もある

賃貸併用住宅は家賃という「収入」を得る「ビジネス」でもあります。そのため、経営が成り立たなければ、家賃収入の利点よりも、住宅ローンの返済負担が大きくなる可能性もあります。だからこそ、入居者を探すノウハウも必要なのです。

また、建物を維持管理することも必要です。維持管理がきちんとできなければ入居者からクレームも出てきますし、退去されてしまい、空室が埋まらなくなるかもしれません。

これらをすべて自分で行うのは、かなりの負担ですし、知識も必要です。当社では、賃貸管理の一環として、入居者募集活動を行っています。近隣への看板設置からインターネットの各不動産ポータルサイトや不動産情報誌といった媒体への多量の広告掲載、自社のホームページでの告知などを行います。

## ●レインズへの登録

当社ではさらに、社宅斡旋や企業への直接訪問による物件紹介など、積極的な募集活動を行っています。「レインズ」への登録も、もちろん行います。レインズとは、不動産の流通を促進するために公的に運営されている、不動産業者間の物件情報のネットワークです。不動産会社はみな自社が預かっている賃貸物件の情報をレインズに登録することが義務付けられています。ネットワークを通じて情報を広く公開し、自社以外の不動産会社にも入居者を探してもらうわけです。こうして、他社よりも入居者が集まりやすい仕組みをもっています。

さらには、レインズを通じて物件を知った不動産会社や、当社から働きかけた物件の近くの地元不動産会社が入居者を見つけてくれた場合は、通常であれば当社がいただくオーナーからの募集手数料（家賃の1か月分）を当社ではいただかず、入居者を見つけてくれた提携先にお渡しするようにします。

つまり提携先は、通常なら入居者からしかいただけない賃貸仲介手数料を、入居者とオーナーの両方から受け取ることができ、1つの取引で2つ分の取引の収入が入るのです。このため、ほかの物件よりも優先して紹介してもらえる機会が多くなるのです。

ちなみに、当社では家賃収入からいただく管理手数料で管理を担っているため、募集手数料を提携先に支払ってしまっても支障はありません。

また当社独自の仕組みとして、オーナーが所有する物件の募集状況や稼働状況をすべてリアルタイムに把握できるアプリがあります。このアプリによって、オーナーの物件がどのように広告募集されているか、レインズにはきっちり登録されているか、広告媒体別の

第7章

反響や過去の履歴、今週の内見数、内見はあったものの契約に至らなかった理由まで、知ることができるのです。

さらにこのアプリのチャット機能で、担当者とダイレクトに連絡を取ることができます。不動産業者がやりがちな、ごまかしや不誠実は一切ありません。アプリで物件の管理ができるのは、オーナーにとってもとても便利です。

## 入居者には24時間対応のコールセンターで徹底した対応を

徹底した調査・査定に基づいて、立地や建築プラン、家賃を決めるため、当社がこれまで提供してきた賃貸併用住宅では問題なく入居者が集まっています。それでも空室の心配をされる方がいらっしゃるかもしれません。もし空室が発生してしまったら、別の部屋に入居中の入居者に物件の問題点をヒアリングしたり、周辺の競合物件を調べるなどして、物件の劣っている点を探し、問題点を解消することで、入居の促進を図っています。

周辺エリアの家賃相場を再度調べ、家賃を下げることが効果的であると考えられる場合は、家賃を下げて募集する場合もあります。もちろん、収支のバランスを見ながら行います。相場よりあまり安い家賃設定をすると、あまり好ましくない入居者が集まってくることがあり、家賃を下げる判断は慎重に行います。

入居者が賃貸契約を解約する理由は、「更新時期がきたから」「気分を変えたくなったから」など、深い理由もなく、意外なほどライトな理由で解約される人が多いのです。今入居者がいる部屋を空室にしないことが、最大の空室対策だと考えています。そのため、やむを得ない事情以外は、入居者の不満や転居を考える理由にしっかりと向き合います。たとえば「敷地内の木の枝が日差しを遮っていて、邪魔」というのであれば、木を切ってもかまわないか、オーナーに相談をします。

そもそも入居者へのヒアリングを徹底し、解約の恐れがある不満や不安を積極的に改善していきます。退居の理由になる可能性の芽があるのなら、早めに摘むのが私のポリシーです。そこで24時間365日オペレーターがいる入居者専用コールセンターも設置し、入居者の満足度の向上を常に図っています。

ここまでやっている賃貸併用住宅の専門会社は、ほかにあるでしょうか。私が調べた限りありません。ぜひ調べてみてください。

第7章

## よい入居希望者と、便利な転貸借方式で契約を結ぶ

希望通りの入居者に、100％確実に入ってもらうという方法は残念ながらありませんが、細かなノウハウでどのような入居希望者かを極力見極めることは可能です。

たとえば、入居希望の書類を記入してもらう際、書類の書き方が雑であれば、「性格も雑なのかもしれない」と推測できます。必要な書類を期日までにきちんと揃えられる人であれば、生活態度もしっかりとしていそうだなと考えることもできます。

入居希望の打ち合せをする際の雑談でも、どのような人かをある程度、見分けられます。その人の服装、たたずまい、話し方や、どのような言葉で話すかなどを見ると、長年の経験から「ちょっとおかしいな」という人は、かなりの確率で見分けられます。そのため、入居者の募集をするときは、単に賃貸部分を埋めるだけでなく、きちんとした入居者に入ってもらえるような募集活動と入居審査を行うことが重要なのです。そこで当社では、審査基準が厳しい保証会社を使って、入居希望者から、優良な人だけを選別しています。

それだけでなく、問題のある入居者を退去させやすくする「再契約型定期借家契約」も取り入れています。

通常、賃貸は2年で更新しますが、当社では再契約としています。これによって、再契約時には、オーナーと入居者の両者の同意が必要になります。問題のある入居者は、こちらから再契約を拒否し、退去を促すことができます。そうした仕組みを取り入れることで、その物件には優良な借り手だけが住み続けることができるという好循環が生まれます。

### ●「転貸借方式」の採用

当社では、オーナーの賃貸物件の借り主となり、それを入居者に貸す「転貸借方式」を採用しています。この方式によって、当社が常にオーナーと入居者の間に入って、必要な対応を行います。そのため、オーナーが入居者と煩わしいやりとりをすることは一切ありません。入居者から訴えられることもある昨今、余計な心配をせずに済みます。

家賃の集金から入金履歴管理、滞納の督促などまで、すべてオーナーに代わって当社で行います。オーナーは毎月の報告書に目を通すだけです。

賃貸管理は多岐にわたり、重要な業務であることがおわかりいただけたでしょう。管理を業者に任せるうえで注意すべき点も、覚えていただきたいポイントになります。ここであげたことに留意しながら、入居者と、不動産管理会社と良好な関係を築いていただければ幸いです。

# 第8章

▼購入後▲

# 確定申告や税金控除のこと

## 購入後、毎年必要になる確定申告について

賃貸併用住宅のオーナーになると、家賃収入という不動産所得ができるため、確定申告をする必要が出てきます。収入がサラリーマンの給与所得だけであれば、勤務先の会社が所得税の計算をするため、源泉徴収という形で税金を納めます。自営業やフリーランスの方など、会社で年末調整を受けていない個人は、所得の金額にかかわらず確定申告によって税金を納める必要があります。また、会社員でも年収２０００万円を超える方は、確定申告による納税が必要です。

ここでポイントとなるのが、給与以外の「所得」が20万円以上の場合。所得とは、単純な収入とは違います。収入から経費を差し引いた金額が所得と呼ばれます。つまり、確定申告で申告する不動産所得を求める場合には、主に賃貸併用住宅の家賃収入から経営にかかった経費を差し引いた金額を出さなくてはなりません。経費に何が含まれるかというのは、後ほど確定申告の方法を説明するなかで詳しく解説します。まずは「家賃収入―《マイナス》経費＞20万円の場合には、確定申告で納税が必要」ということを覚えておいてください。

確定申告では、毎年1月1日から12月31日までに得たすべての所得を計算して、申告・納税します。計算次第では税金を納めるのではなく、税金が戻ってくる場合もあります。賃貸経営では、建物や設備の減価償却などができるため、利益が出ていても、帳簿上では赤字になる場合があります。

たとえば、不動産所得が赤字で、サラリーマンとしては給料から所得税を支払っている場合、確定申告することでこれらが相殺され、赤字のマイナス分の税金を還付（返金）してもらうことができるのです。

会社員をしながら自分で確定申告を行うのは、手間がかかるでしょう。当社の場合、お客様に税理士を紹介し、税理士にほとんど任せているケースが多いのが実情です。紹介する税理士は賃貸経営をよく知っているため、節税のポイントにも明るく、賃貸併用住宅特有の処理も得意です。もちろん、会社で経理を担当しているなど、経理業務に明るい人や、お金の流れを自分で把握したいという人は、確定申告について、書籍を買って勉強して、自分で行うのもよいでしょう。

初めて確定申告を行うため不安だという人は、ネットや郵送ではなく、税理士へ相談したり、税務署の窓口に直接出向いて相談したりする方法もあります。確定申告の期間中、

第8章

税務署は混んでいる場合が多いため、比較的早めの時期に時間を確保して質問に行くようにしましょう。

確定申告は面倒ではありますが、申告することによって税金の控除を受けられるとなると、「ぜひやっておかねば」という気になります。

確定申告の期間は、土日祝日の日にちによって変わりますが、おおむね毎年2月16日〜3月15日です。この期限に間に合うように、確定申告の方法をマスターしましょう。

確定申告の方法を説明する前に、家賃収入や必要経費などによる毎回の支出を、きちんと帳簿につけておく必要があります。また、支出の証明となる領収書やカードの利用控え、預金通帳や残高証明も残しておかなければいけません。単純に確定申告が終わるまで残しておくのではなく、確定申告を行ってから7年間保管しておく必要があるため、なくさないように注意しましょう。

帳簿に記録する方法はさまざまありますが、手書きで残すのは面倒なうえに必要項目に漏れが発生する可能性があります。確定申告用の会計ソフトなどを使う方法が便利です。

また、確定申告はただ税金を納付するためだけに必要なものではありません。賃貸併用住宅を購入するために組んだ住宅ローンについて、「住宅ローン控除」というお得な減税方法を利用するためにも必須の作業なのです。

## 不動産所得の算出方法

確定申告をするうえで、覚えておきたいのが、不動産所得や経費の算出方法です。不動産所得の額は、次のように計算します。

総収入金額－《マイナス》必要経費＝不動産所得

**●総収入金額**

・更新料、礼金などの名目で受領するもの
・敷金や保証金などのうち、返還を要しないもの
・共益費などの名目で受け取る電気代、水道代や掃除代など

一方、必要経費は、不動産収入を得るために直接必要な費用のうち、家事上の経費と明確に区分できるものです。主に次のものがあります。

## ●主な経費

- 修繕費（入居時や退去時のクロスや床の補修、鍵の交換、エアコンやキッチンなど設備の修理）
- 支払管理費（入居者の募集・選定、賃貸契約の代行、家賃等の徴収、各種設備の保守、修繕の検討や手配にかかる費用）
- 清掃衛生費（日常の清掃や、ゴミ処理、芝生の手入れなどを知り合いや業者に頼んだときの費用）
- 通信費（ケーブルＴＶの基本使用料など）
- 損害保険料（建物に掛けた火災保険料や地震保険料）
- 減価償却費（建築費、大規模なリフォーム費用など　建物の資産価値を上げるもの）
- 支払顧問料（税理士や会計士に経理を頼んだ場合の費用、弁護士や司法書士などへの支払い）
- リース料（冷暖房・給湯器・浄水器などの各種機器、賃貸管理のための車両リース料など）
- 固定資産税
- 給与賃金（青色申告の場合のみで、一定の要件を満たすもの）

これらが、賃貸併用住宅を経営していくために必要な経費となります。こうしてみると、さまざまなお金が必要になることがわかります。しかし、これらの経費を先ほどの総収入金額から差し引いたものが不動産所得になり、その額に基礎控除などが控除され、税金が課せられることになります。

こうしたお金の仕組みについても、賃貸併用住宅に住むにあたり、理解を深めていきましょう。

## 住宅ローン控除申請の方法

賃貸併用住宅は、だいたいの方が住宅ローンで融資を受けています。住宅ローンを利用する場合、確定申告に合わせて「住宅ローン控除」の申請をすることが可能です。

住宅ローン控除とは、その年の年末に残っているローン残高のうち、1％分（最大40万円まで）が所得税から差し引かれるという税額控除制度で、住宅ローンの契約から13年間

第8章

控除が続きます。

住宅ローン控除の申請方法は、1年目のみ確定申告、2年目以降は職場の年末調整で申請が可能です。

住宅ローン控除の適用期間は、2019年10月より消費税が8％から10％に引き上げられたことで、住宅ローン控除の適用期間が10年から13年へと延長されました。ただし、13年間の住宅ローン控除が適用されるのは2020年12月31日までに入居した場合です。

控除される金額は、次の3つのうち、最小の金額になるものが適用されます。

- 40万円（住宅ローン控除の1年あたりの上限額）
- その年の住宅ローンの期末残高 × 1％
- その年の所得税額＋住民税額

たとえば、住宅ローンの期末残高 × 1％が60万円、その年の所得税額＋住民税額が30万円の場合、控除される金額は30万円です。

住宅ローンの期末残高 × 1％が60万円、その年の所得税額＋住民税額が50万円の場合には、控除される金額は控除上限金額の40万円となります。最も小さい金額が控除されるところがポイントです。

住宅ローン控除の条件は、次の通りです。

- 新築または取得の日から6か月以内に住み始め、控除の適用を受ける各年の12月31日まで引き続いて住んでいること。
- 控除を受ける年の合計所得金額が3000万円以下であること。
- 新築または取得した住宅の床面積が50平方メートル以上。かつ、延べ床面積の50％以上の部分が自分の居住スペースであること（登記等で50％以上）。
- 住宅ローンの返済期間が10年以上であること。
- 住み始めた年と、その前後2年ずつの計5年間に「居住用財産を譲渡した場合の長期譲渡所得の課税の特例」などの税制措置を適用していないこと。

賃貸併用住宅を購入する場合は、〝延べ床面積の50％以上が自分の居住スペース〟という点に注意が必要です。とはいえ、そもそも賃貸併用住宅に住宅ローン融資を適用させる

第8章

ためには50%以上が自分の居住スペースとして必要なため、控除の申請の際にも問題になることはないかと思います。

また、〝住み始めた年と、その前後2年ずつの計5年間に、「居住用財産を譲渡した場合の長期譲渡所得の課税の特例」などの税制措置を適用していないこと〟も気をつけておきたいポイントです。

たとえば住宅の「買い替え」など、自分がもっていた家やマンションを売却してすぐに新たな家を購入する場合は、特に要注意です。家の売却時には「居住用財産の3000万円控除特例」を適用して、発生する譲渡所得税を減額させることが可能です。しかし、この住居売却時の税制措置を適用させると、新居の購入時に住宅ローン控除を適用できなくなってしまいます。

## 住宅ローン控除を申請するための手順

住宅ローン控除を受けるためには、住居を購入・入居した年の翌年1月以降に確定申告をする必要があります。住宅ローン控除の申請をするためには、確定申告書と、その他の申請に必要な書類を用意する必要があります。

確定申告書は、国税庁のサイトからダウンロードすることができます。賃貸併用住宅のように不動産所得がある人は申告書Bを、不動産所得などが特にない場合は申告書Aを選びます。同時に「住宅借入金等特別控除額の計算明細書」も国税庁のサイトからダウンロードしてください。計算明細書とはいうものの、記入に際して複雑な計算は必要ありません。その他の書類として申請に必要なものは、次の通りです。これらは、市役所や法務局、不動産会社などから入手してください。

- 住民票の写し
- 源泉徴収票
- マイナンバー（場合により）
- 借入金の年末残高等証明書
- 家屋・土地の登記事項証明書
- 家屋・土地の売買契約書の写し

・一定の耐震基準を満たす耐震基準適合証明書の写し（中古住宅を購入した場合）

＊中古で購入した住居の耐震性が証明されれば、既存住宅性能評価書、もしくは既存住宅売買瑕疵保険の付保証明書でも可。

これらの書類を準備し、税務署に提出します。不備がなければ、申請してから1～2か月ほどで、指定した口座に還付金が振り込まれます。振り込まれていなかった場合、申請書類に間違いがあった可能性があるため、税務署に確認してみましょう。住宅ローン控除の申請は、初年度さえ確定申告をしてしまえば、翌年からは会社の年末調整で対応できます。

会社の年末調整で住宅ローン控除をする場合には、次の2つの書類が必要です。

・給与所得者の住宅借入金等特別控除申告書
・住宅ローンの残高証明書

「給与所得者の住宅借入金等特別控除申告書」は、確定申告をした年の10月頃に、税務署から12年分まとめて送られてきます。なくさないように保管しておきましょう。

もし紛失した場合、国税庁のサイトから「年末調整のための（特定増改築等）住宅借入金等特別控除関係書類の交付申請書」をダウンロードし、必要事項を記入のうえ税務署に提出すれば、手数料無料で交付してくれます。

住宅ローンの残高証明書ですが、こちらの書類は金融機関から毎年10月頃に送られてきます。なくしてしまった場合は、金融機関に連絡をすれば再発行が可能です。

以上の2つの書類を年末調整の前に勤務先の会社に提出しておけば、住宅ローン控除の期限が終わるまで自動的に税金から控除してくれます。2年目からは、申請の手間がかからず一気に楽になります。

確定申告を忘れてしまった場合も、過去5年間のうちであれば、さかのぼって確定申告を行うことができます。ただしその場合、自分の源泉徴収票も5年間分が必要になり、手間がかかります。このような手間をなくすためにも、住宅ローン控除の申請は必要な年度に忘れずに行うようにしましょう。

第8章

## 賃貸併用住宅は、相続税の節税にも有効である

賃貸併用住宅は、相続税の節税にもなります。通常の住宅が建っている土地を相続する場合より、賃貸住宅が建っている土地（賃家建付地）のほうが相続税課税評価額は低くなり、賃貸住宅（建物）自体も、通常の住宅より評価額が低くなります。つまり賃貸併用住宅では、土地及び建物それぞれにおいて、賃貸部分の面積分の評価額が低くなるので、同じ規模の土地建物に比べて相続税評価額が低くなり、相続税の節税にもなるのです。

また、自宅の土地を配偶者や同居している子が相続する場合は、２４０㎡までは大きく相続税の評価が下がる特例があります。これを「小規模宅地等の評価減の特例」といい、特定居住用宅地等　減額割合80％となります。

しかし、親と同居していない子が相続する場合、この特例は子の条件によって適用外となる場合があります。

賃貸住宅用の土地については、特定居住用宅地等よりは評価減幅が少ないものの、貸付事業用宅地等の評価減対象（減額割合50％）になります。したがって、賃貸併用住宅では、

仮に同居していない場合でも賃貸部分に関しては評価減対象となり、相続税の節税ができるのです。

これも賃貸併用住宅ならではの、覚えておきたいお金のポイントとなります。

最後に、当社で扱った賃貸併用住宅の実例をまとめたＰＤＦをご紹介します。左のＱＲコードを読み取ってご覧ください。土地面積や間取り、総工費や家賃収入などのデータも掲載しておりますので、ご参考にしていただければ幸いです。

https://www.shiten.co.jp/images/CASE-BOOK.pdf

# おわりに

賃貸併用住宅の魅力と注意点など、本書で余すところなくお伝えしました。賃貸併用住宅に少しでも関心をもっていただけたら幸いです。

私は不動産も賃貸も、とても人間的な事業であると思っています。よい賃貸経営をするには、本当にお客様に喜んでいただきたいという気持ちに尽きます。私たちの仕事は、そうした気持ちや心意気が常にベースにあると思っています。

ところが、不動産業界には、大きなお金が動くからなのか、古いルールが残っていたり、詐欺まがいの商売が横行したりと、一般の方から見ると、実態がよくわからず、不安を感じるところがあるかもしれません。このままではいけないと、私は危機感を抱いています。

そこで、私は賃貸併用住宅「はたらくおうち」を手がけるなかで、当社で建てていただいた方には、一生、入居の管理をお手伝いさせていただくつもりで、誠心誠意対応しております。

年功序列制度が崩れ、会社員でもいつ失業するか、減給されるか、先行き不透明な時代です。住宅ローン破たん者が増えているなかで、賃貸併用住宅は、毎月、一定の家賃収入を生み出し、大きな安心を運んでくれるでしょう。

まさにそれこそが、私が長く不動産業界に身を置くなかでやりたかったことです。夢のマイホームを買ったのに、ローンに苦しむなんて本末転倒です。

納得のいく住まいに、毎月の家賃収入という安心を手に入れていただきたい。そして、末永くお客様の力になりたい。たくさんの悩みも喜びも、肩を組んで共有したいと思っています。

ぜひ賃貸併用住宅について、興味をもっていただけた方は、私たちに会いに来てください。お待ちしております。

２０１９年12月

沖村　鋼郎

## ●著者プロフィール

## 沖村　鋼郎（おきむら　てつお）

賜典株式会社代表取締役


1969年、千葉県柏市生まれ。1995年に宅地建物取引士資格取得、不動産業に従事。2005年に賜典株式会社（不動産業）を設立、代表取締役就任。25年に及ぶ不動産売買を通して、幸せになった人が多い一方、残念ながら不幸になった人たちも一定数いる現実を直視。売買契約を結んだら終わりではなく、その先も顧客の幸せをサポートしたい、不動産購入で不幸にならないシステムを確立したいと考え、2013年より賃貸併用住宅「はたらくおうち」の販売を開始。以来「住宅費が激減したことでライフスタイルも劇的に変化した！」と多くの顧客から高く評価されている。現在、賃貸併用住宅においては、業界トップクラスの施工数を誇る。

書籍コーディネート　笹島　隆博
組　　版　GALLAP
編集協力　高橋　洋子
装　　幀　ごぼうデザイン事務所
校　　正　竹中　龍太

**はたらくおうち　賃貸併用住宅**
**――次世代の新しい資産運用のかたち**

2020年 2月 1日　第1刷発行

著　者　沖村　鋼郎
発行者　山中　洋二
発　行　合同フォレスト株式会社
郵便番号 101-0051
東京都千代田区神田神保町 1-44
電話 03（3291）5200　FAX 03（3294）3509
振替 00170-4-324578
ホームページ　http://www.godo- forest.co.jp
発　売　合同出版株式会社
郵便番号 101-0051
東京都千代田区神田神保町 1-44
電話 03（3294）3506　FAX 03（3294）3509
印刷・製本　新灯印刷株式会社

■落丁・乱丁の際はお取り換えいたします。



ISBN 978-4-7726-6153-9　NDC 336　188×130



合同フォレストのホームページ（左）・
Facebook ページ（右）はこちらから。➡
小社の新着情報がご覧いただけます。